Christian Teubner
Salate

So schmeckt's noc

Christian
Teubner

Salate

**Ein besonderes Bildkochbuch
mit reizvollen
Rezepten**

GU
Gräfe und Unzer

Inhalt

Inhalt

Ein Wort zuvor

Dieses farbige Bildkochbuch garantiert Ihnen Koch- und Eßvergnügen zugleich. Nichts macht in der Küche so viel Spaß, wie das Zubereiten von Salaten. Und damit Sie vom ersten Salat an sagen können: »So schmeckt's noch besser ...«, habe ich hier meine besten Salat-Ideen aufgeschrieben und fotografiert.
Viele der großen Farbfotos zeigen zwei oder drei köstliche Mischungen, so daß Sie bestimmt für jede Gelegenheit einen feinen Salat entdecken: erfrischende Vorspeisen- und bunt gemischte Beilagensalate, Deftiges und Exotisches für Gäste und nicht zuletzt reizvolle Salatdesserts.
Die Salatküche ist eine Küche für Menschen mit Phantasie. Doch obgleich gerade Salate dem Koch besonders viel Spielraum lassen und vieles »aus der freien Hand« gemischt wird – ganz ohne Rezepte und »Regieanweisungen« geht es nicht. Wenn man die Basis der Salatkunst allerdings einmal beherrscht, dann kommt die Lust am Austüfteln weiterer Kombinationen und neuer Saucen. Manche Variante bei den Rezepten wird Sie sicher dazu anregen.
Fast auf der ganzen Welt ißt man heute gern Salat. Sein Ursprung geht auf die Römer zurück, und im Salatmischen sind die Italiener auch heute noch Meister. Doch die Amerikaner als größte »Salatesser-Nation« reklamieren den Titel für sich. Quantitativ kann man ihnen das auch zugestehen. Dazu kommt, daß sie als erste den gesundheitlichen Aspekt in den Vordergrund gestellt haben: Salat kann eine sehr leichte, vitaminreiche Kost sein. Und gerade das macht ihn bei vielen so beliebt.
Bei der Salatzubereitung mag die Feinschmecker-Weisheit zutreffen: »jeder Salat ist so gut wie das dafür verwendete Öl« – doch kann man sie eigentlich auf alle Zutaten ausdehnen, seien es der Essig oder der grüne Blattsalat, das Gemüse oder die Früchte. Salatkunst fängt deshalb beim Einkauf an, das heißt nach bester französischer Tradition »Cuisine du marché« – Küche des Marktes. Damit auch Ihre Salate optimal gelingen, erfahren Sie Warenkundliches bei den einzelnen Rezeptgruppen. Frische und Qualität sind bei den Salatzutaten also Voraussetzung, und deshalb sollte auch das Marktangebot entscheiden, welcher Salat schließlich auf den Tisch kommt.
Die Salatküche ist eine Küche der Jahreszeiten: die Angebote der Saison zu nutzen heißt gleichzeitig Qualität einzukaufen. Grüne Salate und Salatgemüse schmekken (vor allem als Rohkost) eben am besten, wenn sie natürlich ausgereift sind und nicht mit Kunstdünger und trickreichem Ersatz für Sommersonne für die winterliche Marktlücke gezogen wurden. Ansehen kann man es diesen »Kunstprodukten« kaum, höchstens sollte man stutzig werden, wenn sie »zu schön« sind. Am Preis und am Geschmack macht es sich jedoch bemerkbar: was der eine zu hoch ist, ist der andere zu gering.
Trotzdem gibt es keine Jahreszeit, in der wir auf Salat verzichten müssen. Wenn der Kopfsalat nur aus dem Treibhaus kommt, greift man eben nach einem knackigen Chinakohl. Ein Koch mit Phantasie wird immer frische Produkte finden.
Bei Öl und Essig ist es weniger die Frische (mancher Essig kann nicht alt genug sein) als die Qualität, auf die es sich zu achten lohnt: Auf die Sauce kommt es an, wenn's ein guter Salat werden soll.
Die Rezepte dieses Buches wurden nach den Hauptzutaten in Gruppen zusammengefaßt. Sie bilden eine solide Grundlage, die nach allen Richtungen variiert werden kann und kaum Wünsche offen lassen dürfte. Praktischen Rat für Ihre Salatküche finden Sie auf den Seiten 7 und 8, im Saucenkapitel auf den Seiten 10–15 und in zahlreichen Tips bei den einzelnen Rezepten.
Daß Sie von nun an jedes Essen mit einer Salatvorspeise beginnen oder auch eines durch eine Salatmahlzeit ersetzen, daß Sie Ihre Gäste mit raffinierten Kompositionen überraschen, das wünscht sich und Ihnen

Ihr
Christian Teubner

Historisches und Praktisches

Es ist heute nicht mehr umstritten, daß es schon seit der Römerzeit Salate in den verschiedensten Formen gibt oder zumindest Kombinationen kalter Zutaten, die unseren heutigen Salaten nahekommen. Unser Wort Salat stammt auch mit Sicherheit vom italienischen »insalata« für Eingesalzenes. Die grünen Salate wurden sogar schon in Babylon kultiviert, von den Griechen als besonders heilsam gelobt und im Mittelalter in den Kloster- und Bauerngärten auch in Zentraleuropa angebaut. Die Zubereitungen waren sicher den heutigen Rezepten ähnlich, denn Essig ist eine uralte Erfindung, und Öl, das »flüssige Gold« des Olivenbaumes, ist als Salatzutat auch überliefert.
Salat wurde zu jeder Zeit gegessen, wenngleich er nicht immer sehr wichtig genommen wurde. So war er im Repertoire der klassischen Kochkunst des ausgehenden 19. und des beginnenden 20. Jahrhunderts eher unterrepräsentiert. Ausgenommen war die italienische Küche, deren guter Ruf, wenigstens teilweise, auf den bekannten Mischungen aus grünen Salaten, Tomaten, Artischokken und Oliven beruhte.
Hierzulande bescherte uns der amerikanische Einfluß etwa in den Fünfzigerjahren eine neue »Salatwelle« – mit den Unmengen an Dressings und Ketchups zwar keine kulinarischen Meisterleistungen, aber teils mit recht unbefangenen Mischungen, die unserer Salatküche zumindest neue Impulse gaben.

Salat und die neue Küche

Obgleich man die »Revolution in der Küche« unter Feinschmekkern heute gelassener diskutiert und auch die Schwächen der Nouvelle Cuisine beim Namen nennt, muß man doch auch ihre Verdienste preisen. Und um den Salat hat sie sich »verdient gemacht«! Ganz zwangsläufig, denn eine Küche, die vom Marktangebot des Tages ihre Impulse bekommt, kann am Salat gar nicht vorbeigehen. Er lebt ja von der Frische der Produkte, und sicher hat auch das zeitgleiche Interesse der Verbraucher an möglichst natürlichen und gesunden Zutaten diesen Trend gefördert. Man hat fast vergessene Salate wiederentdeckt wie Wasserkresse, Löwenzahn, Sauerampfer und Brennesseln; aber nach dem Selbstverständnis der Köche hat man diese »wilden Grünen« nicht in einer schlichten Vinaigrette allein gelassen, sondern mit Trüffeln und Kaviar aufgewertet. Dazu werden exotische Raritäten kombiniert, grüner Pfeffer wird möglichst über Erdbeeren gestreut, und Küchenkräuter werden verwendet, die man kaum mehr dem Namen nach kannte.
Auch die optische Präsentation hat inzwischen in der modernen Salatküche einen ganz wesentlichen Stellenwert. Mit Salat kann man auf Tellern geradezu Kunstwerke gestalten, ohne auf die wichtigste Forderung, den feinen Geschmack, zu verzichten. Die neue Praxis, kalte Salate (zum Beispiel Blattsalat) mit warmen, gebratenen Zutaten wie Gänseleber, Bries, Kaninchenfilet, Entenbrust und so weiter zu kombinieren, eröffnet ungezählte Möglichkeiten.
Das klingt vielleicht alles ein bißchen exzentrisch, aber, reduziert auf das Machbare, hat uns die neue Küche Mut gemacht, Neues zu versuchen. Es ist nicht schwer, mit etwas Kreativität, guten Produkten und Sinn für Form und Farbe Salate zu bereiten, die viel Spaß in den Küchenalltag bringen.

Salate für die schlanke Linie

Sie gibt es natürlich, denn die vielen verschiedenen Blattsalate sind von Haus aus kalorienarm. Aber Salate sind nicht automatisch Schlankheitskost, wenn sie gut sein sollen. Doch eines ist sicher: Salat ist gesund, zumindest sind es die meisten Zusammenstellungen mit Blattsalaten und Gemüsen. Aber wenn er schmecken soll, dann reichen eben nicht nur einige Kräutlein aus. Essig, Öl, Sahne oder Mayonnaise und nicht zuletzt die verschiedenen Gewürze erschließen die Geschmacksstoffe und machen den Salat zu einem kulinarisch vollwertigen Bestandteil des Menüs. Ganz zu schweigen von den Salaten, die eine eigenständige Mahlzeit bilden sollen.

Wann wird ein Salat serviert?

»Salatzeit« ist eigentlich jederzeit, es kommt nur auf den Salat an. Der Salat als Bestandteil eines großen oder kleinen Essens kann am Anfang, als Zwischengang oder zum Schluß des Menüs serviert werden. Es sind meist die leichten Kombinationen mit grünen Salaten, kalorienarm und erfrischend, die vor, während oder nach dem Essen auf den Tisch kommen. Einen Rohkostsalat als letzten Gang zu essen, ist sicherlich nicht empfehlenswert, weil er dann schwer verdaulich ist. Vor dem Essen hingegen wird er vom Körper besser verarbeitet und hat außerdem eine sättigende Wirkung.
Eine alte Küchenweisheit besagt: »Salat öffnet den Magen«. Deshalb sollte er folgerichtig zu Beginn des Essens in kleineren Portionen serviert werden oder als sättigende Portion »anstatt«.
Die Zutatenmengen der Rezepte dieses Buches sind deshalb eher etwas bescheiden. Vervielfältigen lassen sie sich allemal, doch sollten Sie, wird der Salat als Vorspeise einer Mahlzeit mit mehreren Gängen gereicht, daran denken, daß der Salat nur »Appetit machen« soll.

Salat soll frisch auf den Tisch kommen

Für die meisten Salate trifft dies auch zu, denn durch die fettreichen Marinaden fallen knackige grüne Blattsalate schnell zusammen. Aber andere Kombinationen verlangen geradezu nach einer Pause zwischen Mischen und Servieren, damit sich die Aromastoffe gleichmäßig verteilen.
Der Mahlzeit-Salat hat unseren Küchenfahrplan so nachhaltig beeinflußt wie kein anderer Salat. Vorbild sind der »Salade niçoise« oder die diversen Hirtensalate, allesamt frisch, sättigend und doch nicht belastend. Mit einem Stück Weißbrot und einem Glas rotem Landwein sind sie richtige Sommermahlzeiten.

Sommersalat à la niçoise

Zutaten für 4–6 Portionen:
200 g Pellkartoffeln, am Vortag gekocht
200 g grüne Bohnen
Salz
1 Dose Sardellenfilets (30 g)
250 g Artischockenherzen aus der Dose
1 Dose Thunfisch in Öl (150 g)
2 kleine rote Zwiebeln
1 Bund Radieschen
1 Kopf Eissalat
Für die Salatsauce:
3 Teel. Aceto balsamico (Balsamessig)
1 Eßl. Wasser
1 Teel. scharfer Senf
½ Teel. Salz
etwas frisch gemahlener Pfeffer
1 Knoblauchzehe
5–6 Eßl. Olivenöl
Zum Garnieren:
1 hartgekochtes Ei
½ Tasse schwarze Oliven
2 Eßl. frisch gehackte Kräuter (Petersilie, Schnittlauch, Pimpinelle, Thymian und ganz wenig Rosmarin)

Zubereitungszeit: 35 Minuten

Die Kartoffeln schälen, in Scheiben schneiden und in eine große Schüssel geben. Die grünen Bohnen in Salzwasser knackig kochen, dann in Eiswasser abkühlen. Die Sardellenfilets abtropfen lassen. Die Artischockenherzen ebenfalls abtropfen lassen und vierteln. Den Thunfisch in mundgerechte Stücke teilen. Die Zwiebeln schälen und in Ringe schneiden. Die Radieschen putzen und in Scheiben schneiden. Die so vorbereiteten Zutaten in die Schüssel geben. Den Eissalat waschen, ausschleudern und in Stükke zerpflücken, mit den übrigen Zutaten locker mischen.
Den Aceto mit dem Wasser, dem Senf, dem Salz, Pfeffer und der geschälten, gehackten und fein zerdrückten Knoblauchzehe verrühren. Dann das Öl zusetzen und alles mit dem Schneebesen zu einer sämigen Sauce schlagen. Den Salat damit anmachen und auf einer großen Platte anrichten. Mit Eiachteln und Oliven garnieren und mit den Kräutern bestreuen.

Auf die Sauce kommt es an

Die Sauce (oder auch Marinade) ist tatsächlich entscheidend für die Güte eines Salates, ob es ein einfacher grüner Salat ist oder eine raffinierte Komposition erlesenster Zutaten. Und wie bei den Salatfrüchten, so ist auch bei der Sauce beste Qualität der Zutaten oberstes Gebot. Und feine Zutaten, seien es Essig oder Öl, werden heute in so reichhaltiger Auswahl angeboten, daß kaum Wünsche offen bleiben.
Die alte Küchenweisheit: »Nimm Öl wie ein Verschwender, Essig wie ein Geizhals, Salz wie ein Weiser und mische das Ganze dann wie ein Narr«, hat nach wie vor Gültigkeit, wenn sie auch nicht bei allen Rezepten zutrifft. Aber sie zeigt auch wieder, daß erst die Sauce den Salat macht.

Essig oder Zitrone?

Das ist allein eine Frage des persönlichen Geschmacks. Jedenfalls ist der Zitronensaft nicht, wie oft angenommen wird, »viel gesünder« als Essig, denn dieser ist ja auch ein Naturprodukt. Zitronensaft und die anderen Zitrussäfte, wie zum Beispiel Limettensaft, sind allerdings wesentlich milder als die meisten Essigsorten. Aus dem reichen Essigangebot können Sie sicher den jeweils richtigen wählen. Auf Qualität zu achten lohnt sich, denn bei Weiß- oder Rotweinessigen gibt es große Unterschiede. Empfehlenswert ist auch der mildere Obstessig, und eine besondere Note verleiht Sherryessig dem Salat. Die Kräuter- oder Fruchtessige (ob fertig gekauft oder selbst angesetzt) haben neben der Säure eine würzende Wirkung und sollten ihrem Aroma entsprechend verwendet werden. Der allerfeinste Essig kommt aus Italien, der Aceto balsamico (Balsamessig). Er ist von so hervorragender Würzkraft, daß Sie ihn nur ganz sparsam dosieren sollten.

Würzendes Öl?

Da gehen die Meinungen der Salatliebhaber auseinander. Hierzulande kann man sicher eine Mehrheit für geschmacksneutrales Salatöl finden. Solche Pflanzenöle gibt es in guter Qualität, und sie lassen allen übrigen Aromen den Vortritt. Dazu gehören auch das feine Sonnenblumen-, das Soja- und das Distelöl. Dem teilweise kräftigen Eigengeschmack der würzenden Öle muß man bei der Komposition der Marinade Rechnung tragen.
Der typische Geschmack des Olivenöls ist nicht jedermanns Sache, aber er gibt den mediterranen Salaten erst den letzten »Pfiff«. Das »Jungfernöl« (Huile vierge, Olio vergine) aus der ersten, kalten Pressung hat einen besonders ausgeprägten Olivengeschmack. Das gereinigte Olivenöl schmeckt weit milder. Man kann es zusätzlich mit Kräutern wie Rosmarin, Thymian oder mit einer Mischung aus »Kräutern der Provence« ansetzen und erhält dadurch eine weitere Geschmackskomponente. Kräftig ist auch der Eigengeschmack des Walnußöls, das besonders gut zu Salaten mit Nüssen paßt. Etwas neutraler ist das Sesamöl, und einen extrem eigenwilligen Geschmack hat das Kürbiskernöl. Man sollte es nur vorsichtig dosiert verwenden.

Knoblauch und frische Kräuter

Fast jeder Salat verträgt eine Spur Knoblauch, wenn man ihn nur sehr sparsam verwendet. Für solch feine Dosierungen eignen sich Knoblauchsalz oder -pulver ganz vorzüglich. Wer frischen Knoblauch vorzieht, wird sicher die einfachste Methode wählen. Eine Knoblauchzehe längs durchschneiden, etwas anquetschen und damit die Salatschüssel ausreiben. Was an der Schüssel haften bleibt, reicht meist aus, um dem Salat diesen »Hauch von Knoblauch« zu geben, der den Salat abrundet, ohne als Eigengeschmack wirksam zu werden.
Zwiebeln in der Marinade sollten so wenig wie möglich auffallen, also ganz fein gehackt werden. Nur milde Sorten eignen sich dafür. Für viele Salate gelten feinst gehackte Schalotten als beliebtes Gewürz.
Pfeffer sollte nur frisch gemahlen in die Marinade kommen. Beim Senf sollten Sie sehr wählerisch sein, nur beste Qualitäten verwenden und den scharfen Sorten den

Vorzug geben; sie haben die größere Würzkraft.
Daß zu frischen Salaten auch frische Kräuter gehören, ist heute fast schon selbstverständlich. In den Rezepten dieses Buches kommen sie reichlich vor. Mit der zunehmenden Beliebtheit von Salaten sind auch die Küchenkräuter zwangsläufig zu neuen Ehren gekommen. Petersilie, Schnittlauch und Dillkraut wurden immer schon über Salate gestreut. Die italienischen Rezepte aber verlangten nach Thymian, nach Rosmarin und Basilikum, und im Zug dieser Entwicklung wurden auch die übrigen Kräuter, von Borretsch bis Zitronenmelisse, wieder populär.

Wie man eine Salatsauce mischt

Gewarnt sei vor dem größten Fehler des Salatmischens, nämlich bei Tisch mit Öl-, Essigflasche und Gewürzen zu hantieren. Wenn ein Salat so angemacht wird, dann ist das Ergebnis meist recht dürftig, weil sich die einzelnen Marinaden-Zutaten so schnell gar nicht mischen beziehungsweise auflösen können. Davon abgesehen, daß man den Geschmack der Sauce allein so nicht testen kann, sondern frühestens den fertig gemischten Salat – und da kann es schon zu spät sein. Doch es gibt mehrere gute Möglichkeiten, einen Salat erfolgreich zu mischen. Bei den Rezepten dieses Buches wurde meist die folgende Technik angewandt: In der Salatschüssel (oder in einer zweiten Schüssel, in der sich mit einem Schneebesen gut hantieren läßt) den Essig (oder Zitronensaft) eventuell mit weiteren Flüssigkeiten wie zum Beispiel Fleischbrühe und Salz verrühren. Wenn das Rezept Senf und weitere Gewürze enthält, so werden sie mitgerührt, bis das Salz, eventuell auch Zukker oder ähnliches, gelöst ist. Dabei mit dem Schneebesen kräftig rühren. Dann erst das Öl und eventuell frische Kräuter zusetzen und schlagen, bis die Sauce zu einer »Emulsion« wird. Man kann aber auch erst den Salat mit der Sauce ohne Kräuter mischen, diese dann darüberstreuen und mit dem Salatbesteck locker unterheben.
Eine Essig-Öl-Marinade soll unmittelbar, bevor sie mit dem Salat vermischt wird, gerührt werden, weil sich sonst das Öl langsam von den übrigen Zutaten absetzt. Trotzdem können Sie sie natürlich längere Zeit vorher zubereiten; Sie müssen sie dann aber, wenn sich das Öl abgesetzt haben sollte, entweder kräftig schütteln oder rühren, ehe sie unter den Salat gemischt wird. Die bekannteste Essig-Öl-Salatsauce ist wohl die »Vinaigrette«. Deshalb gebe ich Ihnen hier das Grundrezept:

Sauce Vinaigrette

Zutaten für 4 Salatportionen:
2 Eßl. feiner Weinessig
1 Teel. mittelscharfer Senf
etwas frisch gemahlener weißer Pfeffer
¼ Teel. Salz
6 Eßl. feines Salatöl

Zubereitungszeit: 5 Minuten

Diese Sauce, die nach der vorangegangenen Methode zubereitet wird, hat einen geringen Essig- und Salzanteil; sie kann nach persönlichem Geschmack saurer oder salziger gewürzt werden.

Variante: Joghurtsalatsauce

1 Becher Joghurt (150 g) mit 1 Eßlöffel Zitronensaft und 1 Eßlöffel Öl gut verrühren. Mit ¼ Teelöffel Salz und 1 Messerspitze frisch gemahlenem schwarzem Pfeffer würzen. Zum Schluß mit 2 Eßlöffeln gehackten Kräutern, zum Beispiel Petersilie, Dill, Schnittlauch, Estragon, mischen. Die Menge reicht für 3 Salatportionen.
Paßt gut zu allen Blattsalaten, aber auch zu Gemüsesalaten wie Möhren- und Gurkensalat.

Special
anish Vinegar
ber Sherry~Essig
kommt direkt aus
la Frontera
5% Säure.

zu on
fermer

Mayonnaise und Crème fraîche

Neben den »Marinaden«, den Saucen aus Öl und einer sauren Flüssigkeit, also Essig, Zitronensaft oder Wein, werden in der Salatküche noch die »dicken Saucen« verwendet, die aber durchaus keine »Dickmacher« sein müssen, denn sie können auch aus magerem Joghurt oder Crème fraîche gemischt werden.
Salatsaucen mit Mayonnaise haben in den letzten Jahren zugunsten von leichteren Saucen stark an Popularität eingebüßt. Trotzdem gibt es noch eine Reihe sättigender Salate, die auf eine solide Mayonnaise nicht verzichten können. Zumindest teilweise, weil sich Mayonnaise bestens zum Mischen mit Sahne, Joghurt oder Crème fraîche eignet.
Vor allem Joghurt und Crème fraîche sind ideale Basiszutaten für dicke und trotzdem leichte Salatsaucen. Man kann damit die raffiniertesten »Dressings« komponieren. Dieser aus dem Amerikanischen stammende Begriff meint zwar Salatsauce generell, wird aber bei uns häufig für die kompakten Saucen gebraucht. Und mit der säuerlichen Sahne (Crème fraîche) oder den Joghurts in verschiedenen Fettgehaltstufen kann man so gut wie alle Geschmackskombinationen erreichen. Man kann sie mit Essig, mit Zitronensaft oder Wein säuern, mit frischen Kräutern würzen, und sogar für süße Salate sind sie eine hervorragende Grundlage.

Wie man eine Mayonnaise rührt

Eigentlich könnten wir darauf verzichten, denn Salatmayonnaise gibt es in zufriedenstellender Qualität als Fertigprodukt, zumal sie ja meist nur die Basis für eine Salatsauce ist und durch die Gewürze erst ihren ganz speziellen Geschmack bekommt. Trotzdem sollte jeder »Salatkoch« die Herstellung beherrschen, schon um nicht in Verlegenheit zu kommen, wenn einmal keine Mayonnaise im Haus ist. Und wer nicht lange rühren will, dem sei die Expreß-Mayonnaise empfohlen.

Klassische Mayonnaise

Zutaten für 4 Salatportionen:
2 Eigelbe
¼ Teel. Salz
1 Teel. heller scharfer Senf
etwas frisch
gemahlener weißer Pfeffer
2 Teel. Zitronensaft (oder Essig)
¼ l feines Pflanzenöl

Zubereitungszeit: 15 Minuten

Bild 1: Die Eigelbe, das Salz und den Senf in eine Schüssel geben und mit dem Schneebesen schaumig rühren.

Bild 2: Mit frisch gemahlenem Pfeffer und dem Zitronensaft würzen.

Bild 3: Das Öl unter ständigem Rühren nur tropfenweise zugeben. Damit sich die Zutaten homogen verbinden, müssen sie unbedingt die gleiche Temperatur (am besten Raumtemperatur) haben.

Bild 4: Nachdem etwa ⅓ des Öls untergerührt ist, kann der große Rest in ganz dünnem Strahl, aber ebenfalls unter ständigem Rühren, dazugegeben werden.

Bild 5: Die fertige Mayonnaise muß von halbfester Konsistenz sein und matt glänzen. Sie kann nun beliebig gewürzt und auch mit Sahne oder Joghurt »verschnitten« werden.

Bild 6: Expreß-Mayonnaise aus dem Mixer
Auch hier müssen die Zutaten die gleiche Temperatur haben, damit sie sich gut verbinden und nicht gerinnen. Statt Olivenöl kann man auch geschmacksneutrales Öl verwenden. Nur im Mixer gelingt Mayonnaise auch mit ganzen Eiern: 2 Eier in den Mixer geben, dazu 1 Teelöffel Salz, ½ Teelöffel frisch gemahlenen weißen Pfeffer, 1 Teelöffel Weinessig oder Zitronensaft. Den Mixer auf niedrigster Stufe einschalten und 35 cl Öl durch die Öffnung im Deckel in kräftigem Strahl dazugießen. Diese Mayonnaise ist in Sekunden fertig!

Kopfsalat

Obwohl es eine Reihe neuer Blattsalate gibt, ist der Kopfsalat immer noch unangefochtener Spitzenreiter. Es gibt ihn das ganze Jahr über, wenn auch in sehr unterschiedlicher Qualität. Freilandsalat, der von April bis November angeboten wird, ist größer, fester und vor allem auch ergiebiger als der winterliche Treibhaussalat.
Ob Freiland oder Treibhaussalat, auf alle Fälle sollten die Blätter möglichst frisch und knackig sein. Obwohl Kopfsalat für Salatmischungen ideal ist (er verträgt sich fast mit allen Salatzutaten und Saucen), schmeckt er am allerbesten mit einer feinen Vinaigrette. Bei dem nachfolgenden Rezept kann dieser Blattsalat seine ganzen Vorzüge ausspielen. Als Basis für die übrigen Zutaten, die darauf angerichtet werden, gibt er dem Ganzen Frische und Leichtigkeit.

Salatplatte mit Kopfsalat

Zutaten für 4 Portionen:
1 Kopfsalat
1 Messerspitze Salz
1 Messerspitze Zucker
1 Eßl. feiner Weinessig
1 Tomate
2 gekochte Hühnerbrüste
1 rote Zwiebel · 1 Paprikaschote
¼ Salatgurke
6–8 gekochte, geschälte Tiefseegarnelen (Shrimps)
1 hartgekochtes Ei
6–8 Radieschen
4 gefüllte grüne Oliven
Für die Salatsauce:
2 Eßl. feiner Weinessig
1 Eßl. Wasser
½ Teel. Salz
etwas frisch gemahlener weißer Pfeffer
4 Eßl. Sonnenblumenöl

Zubereitungszeit: 25 Minuten

Den Kopfsalat in einzelne Blätter zerteilen, diese, wenn nötig, grob zerpflücken, dann waschen und gut ausschleudern. Die Blätter in eine Schüssel geben und mit Salz, Zucker sowie dem Essig würzen. Eine Platte damit auslegen. Dann die übrigen Zutaten vorbereiten. Die Tomate in Scheiben schneiden. Die gekochten Hühnerbrüste der Länge nach ebenfalls in Scheiben schneiden. Die Zwiebel schälen und in Ringe schneiden. Die Paprikaschote von Kernen und weißen Rippen befreien, dann ebenfalls in Ringe schneiden. Die Salatgurke heiß waschen und mit der Schale hobeln. Die Garnelen von Schalenresten befreien. Das hartgekochte Ei schälen und in Scheiben schneiden. Die Radieschen nach Belieben dekorativ einschneiden. Die Oliven quer halbieren. Alle Zutaten auf der Platte anrichten.
Für die Sauce den Essig mit dem Wasser, dem Salz und Pfeffer mit einem Schneebesen verrühren und anschließend das Öl daruntergeben. Die Salatzutaten auf der Platte mit der Sauce übergießen. Sofort servieren.

Bunter Salatteller

Bild auf der Einband-Vorderseite

Zutaten für 4–6 Portionen:
½ Kopfsalat
½ Kopf Friséesalat
1 kleiner Kopf Radicchio
100 g Feldsalat
4 Tomaten
2 mittelgroße Zwiebeln
180 g Roquefort- oder Edelpilzkäse
12 schwarze Oliven
Für die Salatsauce:
2 Eßl. Weinessig
1 Teel. mittelscharfer Senf
etwas frisch gemahlener Pfeffer
¼ Teel. Salz
6 Eßl. feines Salatöl
je 1 Eßl. gehackte Petersilie, Kerbel und Schnittlauch

Zubereitungszeit: 25 Minuten

Die Blattsalate waschen, gut trockenschleudern und in mundgerechte Stücke zerpflücken. Den Feldsalat ebenfalls waschen und trockenschleudern. Die Tomaten in Scheiben schneiden. Die Zwiebeln schälen und in feine Ringe schneiden. Den Käse würfeln. Alle Salatzutaten mit den Oliven auf Tellern anrichten.
Aus den restlichen Zutaten eine Vinaigrette zubereiten und über den Salat geben.

Endiviensalat

Bei diesem herzhaft und etwas bitter schmeckenden Salat handelt es sich eigentlich um zwei Sorten: Endivie und Eskarol.
Der Endiviensalat ist krausköpfig mit geschlitzten und feingefiederten Blättern. Der Eskarol hingegen ist glatt, hat breitere Blätter und die Blattränder sind unregelmäßig gezahnt. Am beliebtesten sind die typischen Wintersalatköpfe, wenn sie ein »zartgelbes Herz« haben. Die Herzblätter sind von sehr mildem Geschmack. Anders der Sommerendiviensalat, der meist durch und durch grün ist, aber von Haus aus milder schmeckt.

Endiviensalat mit Joghurtsauce

Im Bild vorne

Zutaten für 4 Portionen:
1 Kopf Endiviensalat
2 Orangen
50 g Pecannuß- oder Walnußkerne
Für die Salatsauce:
½ Becher Joghurt
2 Eßl. Orangensaft
1 Eßl. feiner Weinessig
½ Teel. Salz
etwas frisch gemahlener Pfeffer
1 Eßl. gehackte Zitronenmelisse

Zubereitungszeit: 15 Minuten

Den Endiviensalat zerteilen, die Blätter gründlich waschen und ausschleudern. Die Orangen mit einem scharfen Obstmesser schälen und die Filets zwischen den Trennhäuten herausschneiden. Die Pecannüsse oder Walnüsse grobhacken. Die Zutaten in einer Schüssel mischen.
Für die Sauce alle Zutaten von Joghurt bis Melisse mit einem Schneebesen verrühren. Den Salat mit der Joghurtsauce anmachen. Sofort servieren.

Endiviensalat mit Speckwürfeln

Im Bild hinten

Zutaten für 4 Portionen:
1 Kopf Endiviensalat
2 kleine Zwiebeln (etwa 120 g)
150 g durchwachsener Räucherspeck
1 Eßl. Öl
Für die Salatsauce:
2 Eßl. feiner Weinessig
2–3 Eßl. konzentrierte Fleischbrühe
1 Teel. heller scharfer Senf (Dijonsenf)
½ Teel. Salz
½ Teel. scharfes Paprikapulver
3–4 Eßl. feines Pflanzenöl

Zubereitungszeit: 20 Minuten

Den Salat zerteilen, die Blätter gründlich waschen und gut ausschleudern. Die Zwiebeln schälen und in feine Ringe schneiden. Den Speck in kleine Würfel schneiden. Das Öl in einer Pfanne erhitzen, die Speckwürfel hineingeben und bei ganz starker Hitze unter ständigem Wenden anbraten. Auf einem Küchenpapier ablaufen lassen. Die Salatblätter in Streifen schneiden und zusammen mit den Zwiebelringen und Speckwürfeln in einer Schüssel mischen.
Für die Salatsauce den Essig mit der Fleischbrühe, dem Senf, dem Salz und dem Paprikapulver mit einem Schneebesen cremig rühren. Dann das Öl dazugeben. Den Salat mit dieser Sauce anmachen und sofort servieren.

Mein Tip: Wichtig für Blattsalate! Die feinste Salatsauce taugt nicht viel, wenn die Salatblätter nach dem Waschen nicht wirklich sorgfältig getrocknet werden. Am besten werden sie fest ausgeschleudert. Dazu kann man ein Drahtkörbchen verwenden, eine spezielle »Salatschleuder« oder auch nur ein Leinentuch.

Eichblattsalat

Durch die Salate der Nouvelle Cuisine wurde diese neue Sorte bekannt. Der Eichblattsalat kam aus Frankreich zu uns, ist aber schon seit längerer Zeit in Amerika zuhause. Er gehört zur Verwandtschaft der Endivien, schmeckt aber weniger bitter. Seinen Namen hat er von der Form seiner Blätter, die Eichenblättern ähnlich sind. Bisher gab es die rot-grün gefärbte, bauschige Sorte bei uns; inzwischen ist auch eine frisch-grüne Version auf dem Markt.
Eichblattsalat ist von sehr zarter Konsistenz und fällt daher auch ganz schnell zusammen. Er sollte so spät wie möglich mit der Salatsauce vermengt werden. Sein feiner, zarter Geschmack macht ihn zum idealen Partner für die auserlesenen Kombinationen der neuen Küche.

Gebratene Putenleber auf Eichblattsalat

Auf diesen Eichblattsalat kann man natürlich statt der Putenleber auch gebratene Enten- oder Gänsestopfleberscheiben anrichten.

Zutaten für 4–6 Portionen:
1 Kopf Eichblattsalat
2 Orangen
1 Knoblauchzehe
Für die Salatsauce:
2 Eßl. Sherryessig
etwas Salz
und frisch gemahlener Pfeffer
½ Teel. scharfer Senf
1 Eßl. feingehackte Schalotten
3–4 Eßl. Walnußöl
Für die Leber:
250 g frische Putenleber
50 g Butter
etwas Salz
und frisch gemahlener Pfeffer
60 g gehackte Walnußkerne

Zubereitungszeit: 20 Minuten

Den Salatkopf zerteilen und die einzelnen Blätter in mundgerechte Stücke zerpflücken. In einem Durchschlag waschen und kräftig ausschleudern. Die Orangen schälen und filetieren; dafür schneidet man die Fruchtsegmente zwischen den dünnen Häutchen mit einem scharfen Messer heraus. Die Knoblauchzehe halbieren und damit eine Schüssel ausreiben. Die Salatblätter und Orangenfilets hineingeben.
Für die Salatsauce den Sherryessig mit etwas Salz und Pfeffer, dem Senf und den gehackten Schalotten mit einem Schneebesen kräftig verrühren. Zuletzt das Walnußöl zufügen. Den Salat damit anmachen und auf Tellern anrichten.
Die Putenleber putzen und in dünne Scheiben schneiden. Die Butter in einer Pfanne erhitzen und die Leberscheiben von beiden Seiten bei starker Hitze kurz braten. Sofort mit etwas Salz und Pfeffer würzen und auf dem Salat anrichten. Mit den gehackten Walnüssen bestreuen.

Variante: Eichblattsalat mit Roquefort

1 Kopf Eichblattsalat zerteilen, waschen, gut ausschleudern und in mundgerechte Stücke zerpflücken. Die Blätter auf vier Tellern verteilen. 200 g gekochte Salatkartoffeln schälen, in möglichst dünne Scheiben schneiden und auf dem Eichblattsalat hübsch anrichten. 200 g Roquefortkäse in 1 cm dicke Scheiben schneiden und diese dann würfeln. Die Käsewürfel über die Kartoffeln geben. Den Salat mit je 2 Eßlöffeln gehackten Schalotten und Walnußkernen bestreuen.
Für die Sauce 2 Eßlöffel Estragonessig, 2 Eßlöffel trockenen Weißwein, Salz und frisch gemahlenen Pfeffer mit dem Schneebesen etwas cremig schlagen. Dann 3 Eßlöffel feines Pflanzenöl darunterrühren. Die Sauce über den Salat verteilen.
Die Menge ergibt 4 Portionen.

Römischer Salat

Römischer Salat ist ein Blattsalat mit besten Eigenschaften: er hat einen würzig bis herzhaften Geschmack, bleibt lange frisch und knackig und verträgt sich gut mit anderen Blatt- und Gemüsesalaten. Er ist also ein idealer Salat für Mischungen, und trotzdem steht er im Schatten des Kopfsalates. Aber vielleicht ändert sich das noch? Römischer Salat wird meist in Stücke gezupft oder quer in Streifen geschnitten und als Einzelsalat mit Kräuter-Vinaigrette angemacht. Er paßt sich aber in Salatmischungen vielen anderen Saucen an.

Römischer Salatteller

Im Bild vorne

Zutaten für 4 Salatteller
oder 8 Portionen als Vorspeise:
2 Tomaten · 1 Apfel
200 g frische Champignons
2 große Gewürzgurken
1 gelbe Paprikaschote
1 große Zwiebel
600 g gekochtes Rindfleisch (Tafelspitz, Unterschale), in der Brühe erkaltet
Saft von ½ Zitrone
2 Eßl. feines Salatöl
2 Eßl. Rotweinessig
½ Teel. Salz
etwas frisch gemahlener weißer Pfeffer
1 Messerspitze Knoblauchsalz
1 Messerspitze Ingwerpulver
2 Köpfe Römischer Salat

Zubereitungszeit: 40 Minuten
Marinierzeit: etwa 2 Stunden

Die Tomaten einritzen, kurz in kochendes Wasser tauchen und häuten, die Kerne entfernen und das Fruchtfleisch in Würfel schneiden. Den Apfel vierteln und entkernen, nicht schälen. Die Pilze putzen. Die Gewürzgurken, den Apfel und die Champignons in feine Scheiben schneiden und mit den Tomatenwürfeln in eine Schüssel geben. Die Paprikaschote von Rippen und Kernen befreien, dann in feine Streifen schneiden. Die Zwiebel schälen und in Ringe schneiden. Das kalte Rindfleisch (Fett sorgfältig entfernen) in feine Streifen schneiden und mit allen übrigen Zutaten in der Schüssel mit dem Zitronensaft übergießen. Im Kühlschrank etwa 2 Stunden durchziehen lassen.
Die Fleischbrühe durch ein Sieb geben und bei sehr schwacher Hitze bis auf etwa ⅛ l reduzieren. Abkühlen lassen, dann mit dem Öl, dem Essig und den Gewürzen verrühren.
Den Römischen Salat waschen, gut trockenschleudern und dann mit den kleineren, inneren Blättern vier Teller auslegen. Die äußeren Blätter kann man für einen gemischten Salat verwenden. Die gekühlte Rindfleisch-Gemüse-Mischung in einem Sieb gut ablaufen lassen, dann auf den Tellern verteilen und alles reichlich mit der vorbereiteten Salatsauce übergießen.

Römischer Salat mit Vinaigrette

Im Bild hinten

Zutaten für 4 Portionen:
1 Kopf Römischer Salat
1 kleiner Kopf Radicchio
250 g oder etwa 8 Artischockenherzen aus dem Glas
1 Zwiebel
Für die Salatsauce:
3 Eßl. feiner Weinessig
¼ Teel. Salz
1 Teel. scharfer Senf
5 Eßl. feines Salatöl
1 Messerspitze gehackter Knoblauch
1 Eßl. gehackte Petersilie
1 hartgekochtes Ei

Zubereitungszeit: 20 Minuten

Den Römischen Salat und den Radicchio waschen, gut trockenschleudern und in kleine Stücke zerpflücken. Die abgetropften Artischockenherzen vierteln, die Zwiebel schälen und in feine Ringe schneiden.
Den Essig mit dem Salz und dem Senf verrühren. Das Salatöl zugeben, dann den Knoblauch, die Petersilie und das gehackte Ei. Daraus eine pikante Sauce rühren und diese über die Salatzutaten gießen. Den Salat locker mischen und sofort servieren.

Feldsalat oder Rapunzel

Feldsalat, auch unter den Bezeichnungen Rapunzel, Ackersalat oder Nisslsalat angeboten, ist ein ganz typischer Wintersalat und hat Saison etwa zwischen Oktober und April. Er gehört zur Familie der Baldriangewächse, und seine nervenstärkende Wirkung ist bekannt. Feldsalat hat auch einen relativ hohen Vitamin A- und C-Gehalt, also ein rundum gesunder Salat. Außerdem ist er sehr anpassungsfähig und deshalb gut für gemischte Salate geeignet. Als Einzelsalat braucht er eine kräftige Vinaigrette, schmeckt sehr gut mit Zwiebeln und Speckwürfeln, ganz besonders gut aber verträgt er sich mit Walnußöl.

Bunter Feldsalat

Im Bild vorne

Zutaten für 4 Portionen:

250 g Feldsalat
2 Stauden Chicorée
2 Tomaten
1 Birne
1 Orange
1 Avocado

Für die Salatsauce:

½ Becher Joghurt
3 Eßl. frische Sahne
1 Eßl. Zitronensaft
2 Eßl. Orangensaft
1 Eßl. feiner Weinessig
1 Schalotte
¼ Teel. Zucker
½ Teel. Salz
¼ Teel. grob gemahlener weißer Pfeffer

Zubereitungszeit: 30 Minuten

Den Feldsalat waschen und gut trockenschleudern. Wenn Reste von den Stielen entfernt werden müssen, dann aber nur so weit, daß die Blättchen noch zusammenhalten, da sonst der Salat nicht locker genug wird. Den Chicorée putzen, waschen und in 2 cm breite Streifen schneiden. Die Tomaten einritzen, kurz in kochendes Wasser tauchen, häuten, halbieren, die Kerne entfernen und das Fruchtfleisch in Würfel schneiden. Die Birne schälen, halbieren, vom Kernhaus befreien und in dünne Stifte schneiden. Die Orange schälen und filetieren (die einzelnen Segmente zwischen den Häutchen herausschneiden). Die Avocado halbieren, vom Stein befreien, schälen und in Würfel schneiden.
Für die Sauce den Joghurt mit der Sahne, dem Zitronen- und Orangensaft sowie dem Essig verrühren. Die Schalotte schälen und feinhacken. Die Sauce mit der Schalotte, dem Zucker, dem Salz und dem Pfeffer würzen. Den Feldsalat auf vier Teller verteilen. Die übrigen Salatzutaten mit der Sauce mischen und auf dem Feldsalat anrichten.

Rapunzel mit Eiern

Im Bild hinten

Zutaten für 4 Portionen:

300 g Feldsalat
1 Bund Radieschen
4 hartgekochte Eier

Für die Salatsauce:

½ Zwiebel
½ Peperoni (Pfefferschote)
3 Eßl. Estragonessig
1 Teel. Cognac
½ Teel. Salz
etwas frisch gemahlener weißer Pfeffer
4 Eßl. Walnußöl

Zubereitungszeit: 25 Minuten

Den Feldsalat waschen und sehr gut trockenschleudern. Die Radieschen putzen, waschen und in Scheiben schneiden. Die Eier schälen und in Scheiben teilen.
Für die Sauce die Zwiebel schälen und feinhacken, die Peperoni ebenfalls feinhacken. In einer großen Schüssel den Essig mit der Zwiebel, dem Cognac, der Peperoni, dem Salz und Pfeffer verrühren und erst dann das Öl zugießen. Den Salat in die Schüssel geben, mit der Sauce mischen und mit den Eischeiben belegen. Wird der Salat gleich auf Tellern serviert, dann die einzelnen Portionen mit den Eischeiben belegen.

Kresse und Löwenzahn

Für einen guten Kressesalat sollte man Wasser- oder Brunnenkresse verwenden. Im Frühling kann man sie an Bachrändern pflükken. Sie wird aber heute auch kultiviert und ist auf dem Markt erhältlich, allerdings recht teuer. Dafür hat sie aber einen ganz hervorragend scharf-säuerlichen Geschmack, mit dem der Geschmack von Gartenkresse niemals konkurrieren kann.

Brunnenkresse-salat mit Birnen

Im Bild vorne

Zutaten für 4 Portionen:
200 g Brunnenkresse
2 große, reife Birnen
Saft von ½ Zitrone
Für die Salatsauce:
1 Eßl. feiner Weinessig
Saft von ½ Zitrone
½ Teel. Salz
1 Messerspitze frisch gemahlener Pfeffer
1 Messerspitze Ingwerpulver
1 Teel. milder Senf
2–3 Eßl. feines Pflanzenöl

Zubereitungszeit: 15 Minuten

Die Brunnenkresse sorgfältig putzen, das heißt dicke Stiele und eventuell angefaulte Blätter entfernen. Waschen und gut ausschleudern. Die Birnen schälen, halbieren, vom Kernhaus befreien und in Scheiben schneiden. Die Birnenscheiben in eine Schüssel geben, mit dem Zitronensaft beträufeln. Die Kresse dazugeben.
Den Essig mit dem Zitronensaft, dem Salz, dem Pfeffer, dem Ingwerpulver und dem Senf mit einem Schneebesen cremig rühren. Dann das Öl daruntergeben. Den Salat mit der Sauce anmachen und sofort servieren.

Löwenzahnsalat

Auf den Frühlingswiesen (oder nach jedem Wiesenschnitt) ist der Löwenzahn zwar allgegenwärtig, aber man sollte nur ganz junge Pflanzen von ungedüngten Böden sammeln. Es gibt auch kultivierten Löwenzahn, er kommt aus Frankreich; die gelbe, zarte Sorte ist am wohlschmeckendsten.

Zutaten für 4 Portionen:
200 g Löwenzahn
Für die Salatsauce:
2 Eßl. Estragonessig
1 Teel. scharfer Senf
1 rohes Eigelb
etwas frisch gemahlener weißer Pfeffer
etwas Salz
3 Eßl. Walnußöl oder Pflanzenöl
60 g gehackte Walnußkerne

Zubereitungszeit: 10–15 Minuten

Den Löwenzahn sehr sauber putzen, waschen und anschließend gut ausschleudern.
Für die Sauce aus dem Essig, dem Senf, dem Eigelb, etwas Pfeffer und Salz eine cremige Marinade rühren. Zum Schluß das Öl dazugeben. Den Salat mit dieser Sauce anmachen und mit den gehackten Walnüssen bestreuen.

Gebratene Entenleber auf Löwenzahnsalat

Im Bild hinten

Zutaten und Zubereitung des Salates sind identisch mit dem vorangegangenen Rezept.

Zutaten für 6–8 Portionen als Vorspeise:
Löwenzahnsalat nach dem vorangegangenen Rezept
350 g Entenstopfleber (etwa 1 Leber)
Salz
frisch gemahlener Pfeffer
50 g Butter

Den Salat auf 6 oder 8 Tellern anrichten. Die Entenleber von Haut und Adern befreien und in Scheiben schneiden. Mit Salz und Pfeffer würzen. In einer Pfanne die Butter erhitzen und die Leberscheiben ganz kurz von beiden Seiten braten. Sofort auf dem angerichteten Salat servieren.

CHÂTEAU
LAVILLE HAUT
1967

Chicorée und Frisée

Chicorée ist ein vielseitig zu verwendender Salat. Das im Dunkeln gezogene Gemüse wird auch »Salatzichorie« oder »Brüsseler Endivie« genannt. Chicorée ist ein Wintergewächs und von Oktober bis April auf dem Markt.
Friséesalat ist ein Verwandter des Endiviensalates. Durch seine stark eingeschlitzten Blätter und die dünnen Rippen ist der Salat sehr zart, aber trotzdem knackig.

Chefsalat auf Chicorée

Im Bild vorne

Zutaten für
2–3 Salatmahlzeiten:
4 Stauden Chicorée
1 Knoblauchzehe
200 g gekochte oder gebratene Hühnerbrust
60 g Edelpilzkäse
50 g Emmentaler oder Bergkäse
2 Tomaten
50 g Salami in Scheiben
½ Kästchen Kresse
Für die Salatsauce:
½ Teel. Salz
1 Eßl. feiner Weinessig
½ Eßl. Zitronensaft
etwas frisch gemahlener weißer Pfeffer
1 Messerspitze Ingwerpulver
1 Messerspitze zerdrückter Knoblauch
1 Eßl. gehackte Petersilie
4 Eßl. Olivenöl

Zubereitungszeit: 25 Minuten

Die Chicoréestauden am Ende großzügig abschneiden. Eventuell schlechte Blätter entfernen. Dann die einzelnen Blätter lösen, kurz unter kaltem Wasser abbrausen und trockentupfen. Einen großen flachen Salatteller mit der durchgeschnittenen Knoblauchzehe ausreiben und mit den Chicoréeblättern auslegen. Die Hühnerbrust enthäuten und quer zur Faser in schräge, nicht zu dicke Scheibchen schneiden. Den Edelpilzkäse in kleine Würfelchen und den Emmentaler oder Bergkäse in 3 cm lange Streifen schneiden. Die Tomaten einritzen, kurz in kochendes Wasser halten, schälen, halbieren, die Kerne entfernen und die Hälften vierteln. Auf den Chicoréeblättern die geschnittenen Zutaten sowie die Salamischeiben, zu Tüten gedreht, anrichten. Die Kresse kurz abschneiden und in die Mitte geben.
Für die Salatsauce das Salz mit dem Essig und dem Zitronensaft so lange verrühren, bis sich das Salz gelöst hat. Nun die restlichen Zutaten unterrühren. Die Salatsauce über den Salat träufeln.

Friséesalat mit Chicorée

Im Bild hinten

Zutaten für 4 Portionen:
½ kleiner Kopf Friséesalat
4 Stauden Chicorée
2 mittelgroße Orangen
8 schwarze Oliven
Für die Salatsauce:
½ Teel. Salz
1 Messerspitze Zucker
3–4 Tropfen Tabasco
3 Eßl. feiner Weinessig
4 Eßl. Olivenöl

Zubereitungszeit: 20 Minuten

Vom Friséesalat harte Blätter abschneiden, die übrigen Blätter kalt abbrausen und gut ausschleudern. Einen großen Teller mit den Salatblättern auslegen. Den Chicorée putzen, dabei am Wurzelansatz den bitteren Keil großzügig herausschneiden. Die Stauden quer in 1 cm breite Streifen schneiden. Die Streifen kurz kalt abbrausen und ausschleudern. Die Orangen schälen und die weiße Haut entfernen. Die Filets zwischen den Häuten herausschneiden; dabei den Saft auffangen. Die Oliven halbieren und entkernen. Auf die Friséeblätter die Salatzutaten verteilen.
Die Saucenzutaten von Salz bis Essig so lange verrühren, bis sich das Salz gelöst hat. Dann das Olivenöl und den aufgefangenen Orangensaft unterrühren. Die Salatsauce über den Salat verteilen.

Spinat als Salat

Spinat wird vor allem als Gemüse geschätzt; er ist aber auch ein feiner Salat, sofern man junge, frische Blätter verwendet. Der gröbere, allerdings auch kräftiger schmeckende Winterspinat ist für rohe Salate kaum geeignet. Man muß ihn schon kurz blanchieren und die dicken Rippen herausschneiden.

Spinatsalat mit Avocado und Garnelen

Im Bild vorne

Zutaten für 4 Portionen:
200 g frischer, junger Spinat
200 g frische Tiefseegarnelen (Shrimps)
1 Avocado · 1 Zitrone
2 Eßl. kleingeschnittene Frühlingszwiebeln
Für die Salatsauce:
50 g Crème fraîche
30 g Edelpilzkäse
1 Eßl. Zitronensaft
1 Eßl. Orangensaft
½ Teel. Salz
etwas frisch gemahlener Pfeffer
1 Messerspitze Knoblauchpulver

Zubereitungszeit: 30 Minuten

Den Spinat waschen und gut trockenschleudern. Die Garnelen in Salzwasser 4–5 Minuten kochen, abkühlen lassen und schälen. Die Avocado halbieren, vom Stein befreien, schälen und in Spalten schneiden. Die Zitrone so schälen, daß auch die weiße Haut restlos entfernt wird. Das Fruchtfleisch in hauchdünne Scheiben schneiden. Den Spinat, die Garnelen, die Avocadospalten und die Zitronenscheiben auf Portionstellern anrichten. Dann die Frühlingszwiebelröllchen darüberstreuen.
Die Crème fraîche mit dem zerdrückten Edelpilzkäse sowie dem Zitronen- und Orangensaft verrühren. Mit dem Salz, etwas Pfeffer und dem Knoblauchpulver abschmecken. Die Sauce auf die Salatportionen verteilen.

Spinatsalat mit Speck und Eiern

Im Bild hinten

Zutaten für 4 Portionen:
300 g frischer, junger Spinat
80 g durchwachsener Räucherspeck
½ Zwiebel
3 hartgekochte Eier
Für die Salatsauce:
2 Eßl. Sherryessig
½ Teel. Salz
1 Teel. scharfer Senf
1 Teel. edelsüßes Paprikapulver
3 Eßl. Öl
½ Becher Joghurt
grob gemahlener Pfeffer
1 Eßl. gehackte Pimpinelle

Zubereitungszeit: 25 Minuten

Den Spinat waschen und gut trockenschleudern. Den Speck kleinwürfeln. Die Zwiebel schälen und ebenfalls in kleine Würfel schneiden. Die Speck- und Zwiebelwürfel zusammen in einer Pfanne 2–3 Minuten anlaufen lassen. Das ausgetretene Fett abgießen. Die Eier würfeln. Alle Salatzutaten in eine Salatschüssel geben.
Für die Salatsauce den Essig und die Gewürze mit dem Schneebesen schlagen. Anschließend das Öl und den Joghurt unterrühren. Zuletzt Pfeffer und die Pimpinelle zugeben. Den Salat mit der Sauce mischen und sofort servieren.

Variante: Spinatsalat mit Grapefruit und Orangen

200 g frischen, jungen Spinat waschen und gut abtrocknen lassen. 1 Grapefruit und 2 Orangen mit einem scharfen Messer so schälen, daß auch die weiße Haut restlos entfernt wird. Die einzelnen Filets zwischen den Häuten heraustrennen und eventuell halbieren. Den Spinat und die Zitrusfrüchte in Portionsschälchen anrichten. 60 g grobgehackte Haselnüsse darüberstreuen. Für die Sauce 1 Eßlöffel Crème fraîche mit 3 Eßlöffeln steifer Schlagsahne, ¼ Teelöffel Salz, etwas frisch gemahlenem Pfeffer, dem Saft von ½ Orange und 1 cl Cognac verrühren. Die Sauce zum Salat reichen.
Die Menge ergibt 4 Portionen.

Radicchio

In der Zwischenzeit gehört Radicchio auch bei uns zum Repertoire der Wintersalate. Die faustgroßen, festen Salatköpfe sind in verschiedenen Zuchtformen auf dem Markt, von tiefrot über violett bis rosa, durchzogen von weißen Adern. Alle Sorten haben den typischen, mehr oder minder stark bitteren Geschmack, der sich in Kombination mit Kopfsalat oder Tomaten, aber auch mit Zwiebeln oder Kresse ganz besonders angenehm bemerkbar macht.
Auf dem Markt ist Radicchio von Ende Oktober bis in den April. Die lange, fingerdicke Wurzel der Radicchioköpfe schmeckt besonders bitter und wird häufig als zusätzliches Gewürz verwendet.

Radicchiosalat mit Kresse

Im Bild vorne

Zutaten für 4 Portionen:
4 Köpfe Radicchio
2 rote Zwiebeln
1 Kästchen Kresse
1 Knoblauchzehe
Für die Salatsauce:
3 Eßl. Sherryessig
oder Rotweinessig
½ Teel. Salz
¼ Teel. frisch gemahlener Pfeffer
1 Eßl. gehacktes Basilikum
1 Eßl. gehackte Pimpinelle
3–4 Eßl. Olivenöl

Zubereitungszeit: 20 Minuten

Von den Radicchioköpfen zunächst die Wurzeln abschneiden und eine davon (sie reicht als Gewürz für diese Salatmenge aus) schälen und in hauchdünne Scheibchen schneiden. Die Radicchioköpfe zerpflücken (dabei darauf achten, daß die einzelnen Blätter nicht zu sehr verstümmelt werden, weil sie oft kaum voneinander zu trennen sind), waschen und anschließend gut ausschleudern. Die Zwiebeln schälen und in Ringe schneiden. Die Kresse kurz abschneiden. Eine große Salatschüssel mit der halbierten Knoblauchzehe ausreiben. Die Radicchioblätter, die Zwiebelringe und die abgeschnittene Kresse hineingeben.
Für die Salatsauce den Essig mit dem Salz und dem Pfeffer verrühren. Anschließend die gehackten Kräuter dazugeben und zum Schluß das Öl darunterrühren. Die Sauce über den Salat geben, vermengen und den Salat sofort servieren.

Bunter Radicchiosalat

Im Bild hinten

Zutaten für 4 Portionen:
3 Köpfe Radicchio
½ Kopf Endivien- oder Friséesalat
2–3 Orangen
1 Knoblauchzehe
Für die Salatsauce:
3 Eßl. Orangensaft
2 Teel. Aceto balsamico
(Balsamessig)
30 g feingehackte Schalotten
1 Teel. scharfer Senf
½ Teel. Salz
3–4 Tropfen Tabasco
3–4 Eßl. Olivenöl

Zubereitungszeit: 20 Minuten

Von den Radicchioköpfen die Wurzeln abschneiden und eine davon als Gewürz verwenden; sie wird geschält und in hauchdünne Scheibchen geschnitten. Die Salatköpfe zerpflücken, die Blätter gründlich waschen und ausschleudern. Den Endivien- oder Friséesalat ebenfalls waschen, ausschleudern und dann etwas zerpflücken. Die Orangen schälen, alles Weiße entfernen und die Filets zwischen den Trennhäuten herausschneiden. Eine Schüssel mit der halbierten Knoblauchzehe ausreiben und die Salatzutaten hineingeben.
Für die Sauce den Orangensaft mit dem Aceto balsamico verrühren. Die gehackten Schalotten mit dem Senf, dem Salz und dem Tabasco zum Orangensaft-Essig-Gemisch geben. Mit einem Schneebesen verrühren, bis die Sauce etwas sämig wird, dann das Öl dazugeben. Die Sauce über den Salat gießen und gut durchmengen. Sofort servieren.

Eissalat

Eissalat ist ein naher Verwandter des Kopfsalates. Er ist ihm auch im Geschmack sehr ähnlich, wenngleich sein Äußeres oft mehr einem lockeren Kohlkopf gleicht. Ein Gütemerkmal dieses Blattsalates: seine Blätter sind sehr widerstandsfähig und knakkig. Der Eissalat kam aus Amerika zu uns, und er konnte sich, ob seiner praktischen Eigenschaften, sehr schnell durchsetzen. Einmal ist also seine knackige Frische beliebt (obwohl er ziemlich neutral schmeckt), zum anderen ist er im Kühlschrank lange haltbar, und nicht zuletzt kann man ihn, gerade wegen seines neutralen Geschmacks, praktisch mit jeder anderen Salatzutat kombinieren. Seine kräftigen Blätter haben darüber hinaus die Eigenschaft, auch im angerichteten Zustand sehr lange frisch zu bleiben. Deshalb sollte man ihn dem Kopfsalat vor allem für gemischte, kräftige Salatmahlzeiten vorziehen, zum Beispiel für den Salat à la niçoise (Rezept Seite 8) oder den nachfolgenden Hirtensalat.

Hirtensalat

Zutaten für 4–6 Portionen:

1 Kopf Eissalat
2 Tomaten
½ Salatgurke
1 Paprikaschote
1 große oder
2 kleine Zwiebeln
200 g Fetakäse (Weichkäse aus Schafmilch)
2 hartgekochte Eier
½ Tasse schwarze Oliven

Für die Salatsauce:

2 Eßl. feiner Weinessig oder Estragonessig
2–3 Eßl. konzentrierte Fleischbrühe
1 Teel. scharfer Senf
½ Teel. Salz
¼ Teel. frisch gemahlener Pfeffer
1 rohes Eigelb
1 Knoblauchzehe
1 Eßl. gehackte Petersilie
1 Eßl. gehackte Pimpinelle
4 Eßl. Olivenöl

Zubereitungszeit: 25 Minuten

Den Eissalat zerteilen. Die Blätter in mundgerechte Stücke reißen, waschen und gut ausschleudern. Die Tomaten in Scheiben schneiden, die Salatgurke unter heißem Wasser abbürsten und mit der Schale feinhobeln. Die Paprikaschote halbieren, die Kerne und weißen Rippen entfernen und die Schote in Streifen schneiden. Die Zwiebeln schälen und in Ringe schneiden, den Käse gut ablaufen lassen und in kleine Stücke zerbrechen. Die Eier schälen, achteln und mit den Oliven sowie den übrigen Zutaten auf einer großen Platte gemischt anrichten. Dabei kann der Eissalat seine Robustheit beweisen: er nimmt es nicht übel, wenn die Platte (natürlich mit Folie abgedeckt) einige Stunden im Kühlschrank warten muß, bevor sie mit der Salatsauce angemacht und serviert wird.

Für die Salatsauce den Essig mit der Fleischbrühe, dem Senf, dem Salz und dem Pfeffer ganz kräftig mit dem Schneebesen verrühren, bis eine sämige Sauce entstanden ist. Das Eigelb zufügen und noch etwas weiterschlagen. Dann die Knoblauchzehe schälen, hacken und zerdrücken, mit den gehackten Kräutern in die Sauce geben und alles mit dem Öl verrühren. Den Salat mit der Sauce anmachen und sofort servieren.

Variante: Eissalat mit Radicchio

Sie brauchen dazu 1 Kopf Eissalat, 2 Köpfe Radicchio, 1 rote Zwiebel und 1 Bund Radieschen. Der leicht bittere Radicchio mit der Zwiebel und den Radieschen verträgt sich ganz besonders gut mit Eissalat und ergibt eine sehr wohlschmeckende Mischung. Man kann diesen Salat mit einer Vinaigrette (Rezept Seite 11) anmachen oder mit der Sauce für den Hirtensalat nach dem vorangegangenen Rezept. Aber auch eine frische Joghurtsalatsauce (Rezept Seite 11) paßt hervorragend dazu.
Die Menge ergibt 4 Portionen.

Paprikaschoten

Paprikaschoten, die es in drei verschiedenen Farben gibt, gehören inzwischen zu den Säulen der modernen Salatküche, obwohl ihre Popularität als Salatzutat recht jungen Datums ist. Dabei ist Paprika ein ganz besonders gesundes Gemüse: Es hat einen extrem hohen Gehalt an Vitamin C, dazu bietet es Vitamin A und alle wesentlichen Mineralstoffe; und es hat relativ wenig Kalorien. Die grünen Schoten sind die würzigsten, roter Paprika hat ein weniger scharfes Aroma, und die gelben Schoten sind besonders mild. Aber das trifft nur zu, wenn die Schoten auch sorgfältig geputzt werden, den die »Paprikaschärfe« sitzt allein in den Kernen und in den dünnen Trennwänden des Fruchtinneren.

Balkansalat

Im Bild vorne

Zutaten für 4 Portionen:
1 rote Paprikaschote
1 grüne Paprikaschote
1 gelbe Paprikaschote
150 g Weißkohl
1 Apfel
1 Zwiebel
1 Frühlingszwiebel
Für die Salatsauce:
2 Eßl. Rotweinessig
1 Eßl. Cognac
3 Eßl. Olivenöl
½ Teel. Salz
¼ Teel. Zucker
2 Eßl. gehackte Kräuter
(Petersilie, Thymian, Rosmarin, Estragon, Basilikum)
Zum Garnieren:
1 hartgekochtes Ei

Zubereitungszeit: 25 Minuten

Die Paprikaschoten in sehr feine Ringe schneiden, dabei alle Kerne und weißen Rippen entfernen. Den Weißkohl auch sehr fein schneiden, die Streifen waschen und gut ausschleudern. Den Apfel waschen, vierteln, das Kernhaus herausschneiden, die Viertel mit der Schale in Spalten und diese in Stifte schneiden. Die Zwiebel schälen und würfeln. Die Frühlingszwiebel waschen und in Ringe schneiden.
Für die Sauce die Zutaten von Essig bis Zucker miteinander verrühren und zum Schluß die gehackten Kräuter einrühren. Den Salat mit der Sauce anmachen, anrichten und mit gekochten Eischeiben garnieren.

Paprika-Wurst-Salat

Im Bild hinten

Zutaten für 4 Portionen:
2 rote Paprikaschoten
2 grüne Paprikaschoten
200 g Jagdwurst im Stück
200 g gekochte Kartoffeln
150 g gekochte Sellerieknolle
100 g Gewürzgurke
Für die Salatsauce:
150 g Mayonnaise
1 Eßl. feiner Weinessig
2 Eßl. konzentrierte Fleischbrühe
½ Zwiebel
½ Knoblauchzehe
Salz und frisch gemahlener Pfeffer, wenn nötig

Zubereitungszeit: 25 Minuten
Marinierzeit: 30 Minuten

Die Paprikaschoten halbieren, die Kerne und weißen Rippen entfernen und die Schoten würfeln. Die Wurst enthäuten, die Kartoffeln und den Sellerie schälen. Wurst, Kartoffeln und Sellerie sowie die Gewürzgurke ebenfalls in Würfel schneiden.
Für die Salatsauce alle Zutaten miteinander verrühren. Wenn nötig, mit Salz und Pfeffer würzen. Die Sauce unter die Salatzutaten mischen und den Salat 30 Minuten durchziehen lassen.

Spargel

Ob der bei uns heimische weiße Spargel oder der grüne, beide Sorten ergeben hervorragende Salate. Die bekannteste und zugleich einfachste Methode ist es, die gekochten und erkalteten Spargelstangen mit einer feinen Vinaigrette (Rezept Seite 11) zu übergießen.

Salat von grünem Spargel

Im Bild vorne

Zutaten für 6 Portionen als Vorspeise:
500 g frischer grüner Spargel
Salz
½ Zuckermelone
(etwa 200 g Fruchtfleisch)
200 g gekochte, kleine Garnelen
½ Kopf Friséesalat
Saft von 1 Limette
Für die Salatsauce:
2 Eßl. Obstessig
½ Teel. Salz
1 Messerspitze Zucker
1 scharfe Peperoni
(Pfefferschote)
2 Eßl. Sonnenblumenöl

Zubereitungszeit: 40 Minuten
Marinierzeit: 15 Minuten

Den Spargel, er muß wirklich knackig frisch sein, schälen, die holzigen Enden abschneiden und die Stangen in etwa 3–4 cm lange Stücke schneiden. Reichlich leicht gesalzenes Wasser zum Kochen bringen und die Spargelstücke darin etwa 5 Minuten sprudelnd kochen lassen; der Spargel ist dann zwar noch nicht gar, aber gerade weich genug für den Salat. Die Stücke mit einem Schaumlöffel herausheben, gut ablaufen lassen und in eine Schüssel geben. Aus der Zuckermelone die Kerne herausschaben und das Fruchtfleisch als Kugeln herausstechen. Man kann es natürlich auch ganz einfach in Würfel schneiden. Von den gekochten Garnelen die Schale entfernen. Den Friséesalat waschen, ausschleudern und dann in Stücke zerpflücken. Diese Zutaten in eine Schüssel geben, mit dem Limettensaft übergießen und etwa 15 Minuten im Kühlschrank marinieren lassen.
Für die Salatsauce den Obstessig mit dem Salz und dem Zucker verrühren. Die Peperoni halbieren, die Kerne sorgfältig entfernen und die Schote in ganz kleine Würfel schneiden. Mit dem Öl zur Essigmischung geben. Den Salat mit der Sauce anmachen und noch etwas im Kühlschrank durchziehen lassen.

Spargelsalat mit Eiern

Im Bild hinten

Zutaten für 4 Salatmahlzeiten:
750 g frischer weißer Spargel
Salz
1 Prise Zucker
4 hartgekochte Eier
3 Eßl. Spargelkochbrühe
1 Eßl. Zitronensaft
2 Eßl. gehackte Petersilie
Für die Salatsauce:
2 Eßl. Mayonnaise
½ Becher Magerjoghurt
etwas Salz und
frisch gemahlener Pfeffer
2 Teel. edelsüßes Paprikapulver

Zubereitungszeit: 40 Minuten
Marinierzeit: 30 Minuten

Den Spargel schälen, die holzigen Enden abschneiden, die Stangen in Salzwasser mit dem Zucker etwa 15 Minuten kochen. Er darf ruhig noch einen »Biß« haben und soll nicht allzu weich sein. Die Spargelstangen dann in etwa 4 cm lange Stücke schneiden. Die Eier schälen und achteln. Die Eiachtel mit den Spargelstücken in eine Schüssel geben. Die 3 Eßlöffel Spargelwasser, den Zitronensaft und die Petersilie darübergeben und untermengen. Im Kühlschrank etwa 30 Minuten marinieren lassen.
Diesen Salat kann man nun mit einer Vinaigrette mit Kräutern anmachen (Rezept Seite 11) oder mit einer Sauce aus Mayonnaise und Joghurt. Dafür die Mayonnaise mit dem Joghurt, etwas Salz und Pfeffer sowie dem Paprikapulver verrühren und vorsichtig unter den Salat mischen. Der Spargelsalat sollte noch einige Minuten ziehen, bevor er serviert wird.

Hülsenfrüchte

Mit getrockneten Hülsenfrüchten kann man exzellente Salate bereiten. Sie dürfen keinesfalls zu weich gekocht werden, vor allem, wenn man sie mit rohen Zutaten kombiniert.

Salat von weißen Bohnen

Im Bild vorne

Zutaten für 4 Portionen:
200 g kleine weiße Bohnenkerne
1 Tasse heiße Fleischbrühe
frisch gemahlener schwarzer Pfeffer
1 Zwiebel · 1 Knoblauchzehe
1 kleine Möhre
½ grüne Paprikaschote
½ rote Paprikaschote
3 Eßl. Olivenöl
2 Eßl. feiner Weinessig
½ Teel. gehacktes Bohnenkraut
1 Eßl. gehackte Petersilie

Einweichzeit: über Nacht
Zubereitungszeit: 40 Minuten

Die Bohnenkerne kurz abspülen und in lauwarmem Wasser über Nacht einweichen.
Die Bohnen am nächsten Tag im Einweichwasser halbweich kochen; sie sollen noch »Biß« haben. Dann abgießen. Die Fleischbrühe mit Pfeffer abschmecken und zu den Bohnen geben. Die Zwiebel schälen und hacken, die Knoblauchzehe schälen und durch die Knoblauchpresse drükken. Die Möhre schaben und raspeln. Die Paprikaschoten sorgfältig von Kernen und weißen Rippen befreien und in feine Streifen schneiden. Alle vorbereiteten Zutaten zu den Bohnen geben und mit dem Olivenöl und dem Essig untermischen. Den Salat anrichten. Mit den Kräutern bestreuen.

Mexikanischer Bohnensalat

Im Bild hinten links

Zutaten für 4 Portionen:
200 g rote Bohnenkerne
150 g Maiskörner aus der Dose
Für die Salatsauce:
1 Knoblauchzehe
1 weiße Zwiebel
2 Eßl. feiner Weinessig
4 Eßl. Crème fraîche
½ Teel. Salz
frisch gemahlener schwarzer Pfeffer
½ Teel. gehackter Thymian
1 Eßl. gehackte Petersilie
2 Eßl. Öl
Zum Garnieren:
kleingeschnittener Schnittlauch

Einweichzeit: über Nacht
Zubereitungszeit: 25 Minuten
Marinierzeit: 30 Minuten

Die Bohnenkerne wie im vorangegangenen Rezept einweichen, kochen und abgießen. Die Maiskörner in einem Sieb abtropfen lassen.
Für die Salatsauce den Knoblauch schälen und durch die Knoblauchpresse drücken, die Zwiebel schälen und hacken. Beides mit den übrigen Zutaten verrühren. Die Sauce über die abgetropften Bohnen und Maiskörner geben. Den Salat im Kühlschrank 30 Minuten durchziehen lassen. Mit Schnittlauch bestreuen.

Grüner Bohnensalat

Im Bild hinten rechts

Zutaten für 4 Portionen:
300 g grüne Bohnen, geputzt gewogen
Salz · 1 Zwiebel
Für die Salatsauce:
1 Tasse konzentrierte Fleischbrühe
2 Eßl. feiner Weinessig
3 Eßl. Olivenöl
Salz und frisch gemahlener Pfeffer

Zubereitungszeit: 20 Minuten
Kühlzeit: etwa 30 Minuten

Die geputzten Bohnen in Stücke schneiden und in wenig Salzwasser bißfest kochen. Die Zwiebel schälen und in Ringe schneiden. Für die Salatsauce die Fleischbrühe mit dem Essig und dem Olivenöl mischen, mit Salz und Pfeffer abschmecken. Die Bohnen abseihen, noch heiß mit den Zwiebelringen in die Marinade legen und darin abkühlen lassen.

Linsensalat mit Entenbrust

Im Bild vorne

Zutaten für 4 Portionen:
150 g Linsen
½ Zwiebel · 1 Möhre
je 1 Stück Petersilienwurzel
und Sellerieknolle
1 Lorbeerblatt · 1 Teel. Salz
Für den Salat:
½ Zwiebel · 1 Möhre
2 Stengel Staudensellerie
2 Teel. Öl
1 Entenbrust (250 g)
etwas Salz und
frisch gemahlener Pfeffer
2 Eßl. Sonnenblumenöl
1 Kopf Eichblatt-,
Römischer oder
Endiviensalat
Für die Salatsauce:
2 Eßl. Sonnenblumenöl
1 Eßl. Kürbiskernöl
2 Eßl. feiner Weinessig
1 Messerspitze fein zerdrückte
Knoblauchzehe
1 Teel. gehackte Petersilie
½ Teel. Salz · Pfeffer

Einweichzeit: über Nacht
Zubereitungszeit: 40–45 Minuten

Die Linsen über Nacht in kaltem Wasser einweichen. Am anderen Tag die Linsen abgießen. Die Zwiebel schälen, die Möhre, das Petersilienwurzel- und das Selleriestück putzen. Die Linsen mit der Zwiebel, dem Gemüse und dem Lorbeerblatt in Salzwasser 5–6 Minuten kochen. In einem Sieb sehr gut ablaufen lassen.
Für den Salat die Zwiebel schälen und würfeln. Die Möhre und den Staudensellerie putzen und in feine Streifen schneiden. 2 Teelöffel Öl in einer Pfanne erhitzen, die Zwiebelwürfel sowie die Möhren- und Selleriestreifen darin ganz kurz anschwitzen. Sofort herausnehmen, in eine Salatschüssel geben und erkalten lassen. Die abgelaufenen Linsen zufügen.
Aus dem Sonnenblumen- und dem Kürbiskernöl sowie den übrigen Zutaten eine Salatsauce rühren. Den Linsensalat damit anmachen und etwa 30 Minuten durchziehen lassen.
Die Entenbrust salzen, leicht pfeffern und in 2 Eßlöffeln heißem Sonnenblumenöl von allen Seiten bei starker Hitze ganz kurz anbraten. In der Pfanne in den vorgeheizten Backofen geben und bei 220 °C etwa 6 Minuten braten. Etwas abkühlen lassen.
Den Linsensalat mit frischen Salatblättern auf vier Tellern anrichten. Die Entenbrust aufschneiden und lauwarm auf dem Salat servieren.

Salat von Linsen und Zuckererbsen

Im Bild hinten

Zutaten für 4 Portionen:
150 g Linsen · ½ Zwiebel
½ Knoblauchzehe
1 Stück Porree/Lauch
1 Stück Petersilienwurzel
1 Lorbeerblatt
1 Teel. Salz
250 g Zuckererbsen/
Zuckerschoten
Für die Salatsauce:
3 Eßl. feiner Rotweinessig
2 Teel. Zitronensaft
abgeriebene Schale von ½ Zitrone
(Schale unbehandelt)
½ Teel. Salz
je 1 Messerspitze Pfeffer, Zucker
und Knoblauchpulver
1 Eßl. gehackte Petersilie
5–6 Eßl. feinstes Pflanzenöl
1 Kopf Eichblattsalat

Einweichzeit: über Nacht
Zubereitungszeit: 25 Minuten

Die Linsen wie im vorangegangenen Rezept einweichen, kochen und abtropfen lassen, jedoch statt Möhre und Sellerie den Knoblauch und den Porree mitkochen. Die Erbsenschoten waschen, trokkentupfen und in etwa 2 cm breite Streifen schneiden. Mit den abgelaufenen Linsen in eine Schüssel geben.
Für die Sauce zuerst den Essig, den Zitronensaft und die Gewürze verrühren, anschließend die gehackte Petersilie und das Öl darunterrühren. Den Linsensalat mit ¾ dieser Sauce anmachen. Einen gewaschenen und zerpflückten Eichblattsalat auf vier Tellern verteilen, mit der restlichen Salatsauce beträufeln und dazu den Linsensalat anrichten.

Tomaten

Tomaten mit ihrem unverwechselbaren Geschmack gehören zu den beliebtesten Salatfrüchten. Sie wurden von den spanischen Eroberern aus der »Neuen Welt« mitgebracht, aber es hat lange gedauert, bis man die kulinarischen Vorzüge der Paradiesäpfel oder Goldäpfel (Pomodoro) schätzen lernte. Inzwischen sind sie zwar populär und auch für jedermann erschwinglich, dafür aber vermißt man heute bei den roten makellosen Kugeln eben diesen unverwechselbaren »Tomatengeschmack«.
Die Tomaten sind zu einem beispiellosen Kunstprodukt degeneriert, produziert in modernsten Treibhausanlagen mit allen Merkmalen eines Massenartikels: großer Ertrag, gleichmäßige Form, haltbar und schnittfest. Um diese Eigenschaften zu erfüllen, werden die Früchte meist unreif geerntet und röten in der Kiste nach, aber sie entwickeln kein Aroma. Eine Alternative sind die Freilandtomaten aus den Mittelmeerländern, von den Kanarischen Inseln und aus Nordafrika. Da sie ebenfalls oft unreif gepflückt werden, sind sie auch nicht vergleichbar mit den Früchten aus dem eigenen (biologischen) Anbau, aber geschmacklich doch viel besser als die Treibhauskugeln. Freilandtomaten sind zwar nicht immer erhältlich, aber die Angebote der einzelnen Exportländer verteilen sich ganz gut über das Jahr, so daß – die Saison unserer einheimischen Früchte im August/September eingeschlossen – fast immer salattaugliche Tomaten auf dem Markt sind.
Für Salat sollten Sie wirklich nur vollausgereifte Tomaten verwenden, die intensiv im Geschmack und schnittfest sind. Oft ist es gar nicht so leicht, an feine Salattomaten zu kommen. Schon, weil man durch die Verpackung in den Supermärkten keine Chance hat, die Festigkeit mit dem Daumen zu prüfen oder gar daran zu riechen. Deshalb sei jedem der Eigenanbau empfohlen, der auch nur ein winziges Gärtchen oder einen Balkon hat, wo die Tomatenpflanzen genügend Sonne bekommen, einen guten Boden und genügend Feuchtigkeit haben. Man sollte sich im Frühling vom Gärtner beraten lassen, welche Sorten besonders aromatisch sind, und nicht unbedingt auf großen Ertrag Wert legen. Wer einmal Tomaten ausgereift und frisch vom Strauch weg gegessen hat, weiß auch, welcher Genuß ein Salat aus solchen Früchten sein kann.

Italienischer Tomatensalat

Es ist eines der einfachsten Salatrezepte (ohne Essig oder Zitrone, nur mit Öl), aber der Stolz der italienischen Küche, und dies nicht nur, weil die Farbe der Zutaten mit den italienischen Landesfarben identisch ist: rot die Tomaten, weiß der Käse und grün die Basilikumblätter. Man sollte, wenn man sie bekommt, frische italienische Tomaten dazu verwenden, aber nicht die Flaschentomaten (die sich besser für eine Sauce eignen), sondern ausgereifte Salattomaten. Der Mozzarella sollte aus Büffelmilch sein und das Öl möglichst kaltgepreßtes Olio vergine.

Zutaten für 4 Portionen:
500 g Tomaten
300 g Mozzarellakäse
Salz und frisch gemahlener Pfeffer
6–8 Basilikumblätter
etwa 6 Eßl. feinstes Olivenöl, am besten Olio vergine
eventuell schwarze Oliven

Zubereitungszeit: 15 Minuten

Die Tomaten von den Stielansätzen befreien und in Scheiben schneiden. Desgleichen den Mozzarellakäse, der gut abgelaufen und trocken sein sollte; die Scheiben dürfen aber nur halb so dick sein wie die der Tomaten. Die Tomaten- und Käsescheiben auf einem Teller anrichten und nach Geschmack salzen und pfeffern. Die Basilikumblätter ganz oder in Streifen geschnitten (aber nicht feingehackt) darüberstreuen und dann reichlich mit Öl beträufeln. Die genannten 6 Eßlöffel Öl sind untere Grenze, es darf auch etwas mehr sein. Oliven, ganz besonders schwarze, schmecken gut in diesem Salat, sind aber keine Voraussetzung.

Tomaten-Salatmahlzeit

Im Bild vorne

Ein idealer Salat für ein sommerliches Abendessen, wenn die ausgereiften Freilandtomaten auf dem Markt sind oder, noch besser, wenn die eigene Ernte fällig ist.

Zutaten für 4–6 Portionen:

500 g Tomaten
2 Zwiebeln
½ Kopf Endivien- oder Friséesalat
4 hartgekochte Eier
1 Dose Thunfisch (150 g)

Für die Salatsauce:

2 Eßl. Estragonessig
1 Teel. scharfer Senf
½ Teel. Salz
1 Messerspitze Zucker
1 Messerspitze frisch gemahlener Pfeffer
1 Eßl. gehackte Petersilie
1 Eßl. gehackte Pimpinelle
2 hartgekochte Eigelbe
3 Eßl. Olivenöl

Zubereitungszeit: 25 Minuten

Die Tomaten von den Stielansätzen befreien und in Scheiben schneiden. Die Zwiebeln schälen und in Ringe schneiden. Den Endiviensalat zerteilen, waschen, gut ausschleudern und die Blätter in Stücke zerpflücken. Die Eier schälen und in Scheiben schneiden oder achteln. Den Thunfisch aus der Dose abtropfen lassen und in mundgerechte Stücke teilen. Die Zutaten auf einer großen Platte oder in einer großen Schüssel anrichten.
Den Essig mit dem Senf, dem Salz, dem Zucker und dem Pfeffer mit einem Schneebesen gut verrühren. Dann die Kräuter dazugeben. Die hartgekochten Eigelbe durch ein Haarsieb streichen und einmischen. Die Sauce mit dem Schneebesen kräftig verrühren und zum Schluß erst das Öl dazugießen. Die Sauce über die Salatzutaten geben und den Salat ganz vorsichtig vermengen. Sofort servieren.

Tomatensalat mit Artischockenherzen

Im Bild hinten

Aus kleinen Artischocken die Herzen fachgerecht herauszuschneiden, will gelernt sein. Deshalb sind für diesen Salat Artischockenherzen aus der Dose zu empfehlen.

Zutaten für 4–6 Portionen:

500 g reife Salattomaten
1 Dose Artischockenherzen (220 g)

Für die Salatsauce:

3 Eßl. feiner Rotweinessig
2 Eßl. Flüssigkeit aus der Artischockendose
1 Teel. scharfer Senf
½ Teel. Salz
½ Teel. Zucker
etwas frisch gemahlener Pfeffer
1 kleine Zwiebel
½ Knoblauchzehe
1 Eßl. gehackte Petersilie
½ Eßl. gehacktes Basilikum
1 Eßl. gehackte Kapern
4 Eßl. Olivenöl

Zubereitungszeit: 25 Minuten

Von den Tomaten die Stielansätze herausschneiden, die Tomaten dann in gleichmäßig dicke Scheiben schneiden und auf einer Platte anrichten. Die Artischockenherzen aus der Dose gut ablaufen lassen und je nach Größe halbieren oder vierteln.
Den Rotweinessig mit der Artischockenflüssigkeit, dem Senf, dem Salz, dem Zucker und Pfeffer mit einem Schneebesen verrühren. Die Zwiebel schälen, feinhakken, die Knoblauchzehe schälen, hacken und zerdrücken und beides mit der Petersilie, dem Basilikum und den Kapern zur Essigmischung geben. Mit dem Schneebesen einige Minuten rühren, damit die Sauce leicht bindet, dann erst das Olivenöl dazugießen. Die Sauce über den Salat verteilen und etwas durchziehen lassen, bevor er serviert wird.

Gurke

Mit der klassischen Salatgurke haben die heutigen, meist in Treibhäusern oder unter Plastikzelten gezogenen Gurken nicht mehr viel gemein. Aber wer nicht unbedingt das ganze Jahr über Gurkensalat essen will, der kann im August/September auf die kurzen Freilandgurken zurückgreifen. Sie sind zwar gröber und ungeschält nicht empfehlenswert, dafür haben sie aber einen ausgeprägten Gurkengeschmack.

Gurken-Rettich-Salat

Im Bild vorne

Zutaten für 4–6 Portionen:
1 Salatgurke
1 mittelgroßer Rettich
1 Knoblauchzehe
Für die Salatsauce:
½ Becher saure Sahne
3 Eßl. Weißwein
1 Teel. Ingwersirup aus dem Glas
½ Teel. Salz
etwas frisch gemahlener weißer Pfeffer
½ Teel. scharfes Paprikapulver
1 Ingwerpflaume (in Sirup eingelegter Ingwer)
1 Eßl. frisch geriebener Meerrettich
½ Kästchen Kresse

Zubereitungszeit: 15 Minuten

Die Gurke schälen, ebenso den Rettich und beides grob raspeln. Eine Salatschüssel mit der durchgeschnittenen Knoblauchzehe ausreiben. Die saure Sahne mit dem Weißwein, dem Ingwersirup und den Gewürzen verrühren. Die Ingwerpflaume feinhacken und mit dem Meerrettich unter die Sauce rühren. Die Sauce unter den Salat mischen und jede Portion mit Kresse garnieren.

Gurkensalat mit grünem Spargel

Im Bild in der Mitte

Zutaten für 4–6 Portionen:
1 Salatgurke
500 g gekochter grüner Spargel
3 Tomaten
1 Zitrone
Für die Salatsauce:
1 Becher Magerjoghurt
Saft von 1 Zitrone
1 Teel. Senf
etwas frisch gemahlener Pfeffer
½ Teel. Salz · ¼ Teel. Zucker

Zubereitungszeit: 15 Minuten
Marinierzeit: etwa 20 Minuten

Die Gurke waschen, abtrocknen und hobeln, den gekochten Spargel in Stücke schneiden. Die Tomaten einritzen, kurz in kochendes Wasser tauchen, häuten und in Achtel schneiden. Die Zitrone schälen und in hauchdünne Scheiben schneiden. Diese Zutaten vermischt in einer Schüssel anrichten. Aus den restlichen Zutaten die Sauce rühren, über den Salat verteilen und im Kühlschrank etwa 20 Minuten durchziehen lassen.

Gurkensalat vom Balkan

Im Bild hinten

Zutaten für 4 Portionen:
1 Salatgurke (500 g)
1 rote Paprikaschote
Für die Salatsauce:
½ Zwiebel
2 Knoblauchzehen
½ Teel. Salz · ¼ Teel. Zucker
¼ Teel. grob gemahlener Pfeffer
1 Eßl. Zitronensaft
2 Eßl. Olivenöl
1 Becher Joghurt
2 Eßl. gehackter Dill

Zubereitungszeit: 15 Minuten

Die Gurke waschen, abtrocknen und hauchdünn hobeln. Die Paprikaschote halbieren, von den Rippen und Kernen befreien und in kleine Würfel schneiden. Für die Salatsauce die Zwiebel ganz fein hacken, die Knoblauchzehen zerdrücken und mit dem Salz, dem Zucker, dem Pfeffer und dem Zitronensaft verrühren. Dann erst das Öl und den Joghurt unterrühren. Die Gurkenscheiben und Paprikawürfel zugeben; den Salat mischen, mit Dill bestreuen und gut gekühlt servieren.

Rettich und Radieschen

Die Zeiten sind wohl endgültig vorbei, als man geriebenen Rettich einsalzte, um dann den Saft abzugießen und ihm so die übermäßige Schärfe zu nehmen. Bei den heute auf dem Markt befindlichen Neuzüchtungen besteht diese Gefahr ohnehin nicht mehr. Jetzt muß man schon eher unter den vielen Sorten nach Exemplaren suchen, die überhaupt noch einen »Rettichgeschmack« haben. Die weißen Münchner »Bierradi« sind erfahrungsgemäß noch die aromatischsten.
Einen richtigen Radieschensalat sollte man nur im Sommer genießen, denn das, was außerhalb der Saison angeboten wird, ist wirklich nur schön rot. Die angenehme und geschätzte Schärfe der Radieschen fehlt diesen makellosen roten Kugeln gänzlich. Sie taugen höchstens im Verein mit dem Zweiglein Petersilie als Garnitur, die man beim Essen ohnehin meist diskret zur Seite schiebt.

Rettichsalat mit Tomaten und Gurke

Zutaten für 4 Portionen:

1 großer weißer Bierrettich
(etwa 500 g) oder
1 Bund »Eiszapfen«-Rettiche
½ Salatgurke
3 Tomaten
1 Bund Petersilie
Saft von ½ Zitrone

Für die Salatsauce:

1 Bund Schnittlauch
1 kleiner Becher
saure Sahne (125 g)
einige Basilikumblättchen
½ Teel. Salz
¼ Teel. frisch
gemahlener Pfeffer
2 Eßl. feiner Weinessig
2 Eßl. Öl

Zubereitungszeit: 20 Minuten
Marinierzeit: etwa 30 Minuten

Den Rettich dünn schälen und auf der feinen Rohkostreibe raspeln. Verwendet man die milderen »Eiszapfen«, dann brauchen diese nicht geschält, sondern nur unter fließendem Wasser mit einer Bürste abgebürstet zu werden. Die Salatgurke unter heißem Wasser abbürsten und ungeschält in dünne Scheiben hobeln. Die Tomaten in Achtel schneiden. Die Petersilie hacken. Alle Salatzutaten in einer Schüssel mit dem Zitronensaft und der feingehackten Petersilie mischen.
Für die Salatsauce den Schnittlauch kleinschneiden. Die saure Sahne mit dem Schnittlauch, den Basilikumblättchen, dem Salz, dem Pfeffer, dem Essig und dem Öl verrühren. Den Rettichsalat damit anmachen und, wenn nötig, nachsalzen. Man sollte ihn etwa 30 Minuten im Kühlschrank durchziehen lassen, bevor er gut gekühlt serviert wird.

Variante: Radieschensalat

2 Bund Radieschen putzen und in dünne Scheiben schneiden oder hobeln. ½ Kopf Eissalat in breite Streifen schneiden. 2 rote Zwiebeln (etwa 120 g) schälen und in Ringe schneiden. Radieschenscheiben, Salatstreifen und Zwiebelringe zusammen in eine Schüssel geben. Für die Salatsauce 3 Eßlöffel Obstessig mit 1 Bund kleingeschnittenem Schnittlauch und 1 Eßlöffel gehackter Petersilie, ½ Teelöffel Salz, etwas frisch gemahlenem Pfeffer und 2 Teelöffeln Paprikapulver verrühren. Zum Schluß 2 Eßlöffel Olivenöl darunterrühren. Die Sauce über den Salat gießen.
Die Menge ergibt 4 Portionen.

Kartoffeln

Die Kartoffel ist noch immer Grundnahrungsmittel der Deutschen. Mal verdammt als »Dickmacher«, mal hochgejubelt als Delikatesse. Für andere Landesküchen, die französische oder italienische zum Beispiel, ist sie einfach Gemüsebeilage. Im deutschen Sprachraum hat man ein besonders gespaltenes Verhältnis zu dieser »ordinären« Knolle, und so ergeht es auch dem Kartoffelsalat. Da gibt es Vorlieben für kräftige Salate mit viel Mayonnaise und Sahne, andere möchten überhaupt nichts zu den dünnen Scheiben haben als Fleischbrühe, etwas Essig, Öl und Zwiebeln. Manche mögen den Salat, wenn schon nicht heiß, dann zumindest warm, andere lieben ihn wieder eiskalt.
Kartoffelsalat kann wahrlich eine Delikatesse sein, selbst in seiner einfachsten Art. Nur gute, festkochende Kartoffeln müssen Sie haben, und Qualität ist auch bei den übrigen Zutaten Voraussetzung: nur bester Essig, gutes Öl und wenn es Mayonnaise sein soll, dann am besten selbst frisch gerührte (Rezept Seite 15).

Kartoffelsalat mit Muscheln

Im Bild auf Seite 54 links

Zutaten für 4 Portionen:

750 g Kartoffeln
1–2 Zwiebeln
¼ l heiße Fleischbrühe
1 Teel. Salz · Pfeffer
1 Teel. Zucker
2 Eßl. Kapern
3–4 Eßl. Weinessig
etwas feingehacktes frisches Basilikum
75 g Schinkenspeck
je 1 Bund Petersilie, Dill und Schnittlauch
½ Salatgurke
2 Bund Radieschen
3 Eßl. Olivenöl
2 Dosen marinierte spanische Muscheln
2 hartgekochte Eier
1 Kästchen Kresse

Zubereitungszeit: 50 Minuten

Die Kartoffeln in der Schale kochen. Die Zwiebeln schälen und feinhacken. Die heiße Fleischbrühe über die Zwiebeln gießen, etwas Salz und Pfeffer, den Zucker, die gehackten Kapern, den Weinessig und das Basilikum zugeben.
Die Kartoffeln schälen und noch warm in Scheiben in die Sauce schneiden. Den Schinkenspeck feinwürfeln und in der Pfanne knusprig braun braten. Die Speckwürfel mit dem Fett heiß über den noch warmen Kartoffelsalat gießen, kurz durchmischen und abkühlen lassen.
Vor dem Servieren die Kräuter feinhacken, die Gurke schälen, längs halbieren und in Scheiben schneiden. Die Radieschen putzen und ebenfalls in dünne Scheiben schneiden. Kräuter, Gurke und Radieschen in den Kartoffelsalat mischen, mit Salz, Essig und Pfeffer abschmecken. Das Öl daruntermischen und den Salat in einer Schüssel anrichten. Die Muscheln abtropfen lassen und auf den Salat legen. Mit gekochten Eischeiben und Kresse garnieren.

Kartoffelsalat mit frischen Pilzen

Im Bild auf Seite 55 hinten

Zutaten für 4 Portionen:

4 mittelgroße Kartoffeln (250 g)
½ Kopfsalat
4 feste Tomaten
½ Salatgurke
½ Becher Sahnejoghurt
3 Eßl. saure Sahne
Kräutersalz · Pfeffer
250 g frische Egerlinge
20 g Butter
1 Eßl. gehackte Petersilie

Zubereitungszeit: 40 Minuten

Die Kartoffeln in der Schale kochen, schälen und in Scheiben schneiden. Die Salatblätter waschen, gut abtropfen lassen und in Streifen schneiden. Die Tomaten sowie die Salatgurke waschen und in Scheiben schneiden. Den Joghurt und die saure Sahne verschlagen, mit Kräutersalz und Pfeffer abschmecken. Die Pilze putzen, blättrig schneiden und in der Butter leicht bräunen. Etwas

Pfeffer darübermahlen. Die heißen Pilze mit den vorbereiteten Zutaten und der Sauce locker mischen und in einer Schüssel anrichten. Mit der gehackten Petersilie bestreuen.

Kartoffelsalat mit Würstchen

Im Bild auf Seite 55 rechts

Zutaten für 5 Portionen:
500 g Salatkartoffeln
1 Bund Radieschen
1 Paar Frankfurter oder
Wiener Würstchen
½ Tasse warme Fleischbrühe
Salz · Pfeffer
250 g Mayonnaise (50%)
aus dem Glas
1 Bund Schnittlauch

Zubereitungszeit: 40 Minuten
Marinierzeit: 30 Minuten

Die Kartoffeln in der Schale kochen, schälen und abgekühlt in dünne Scheiben schneiden. Die Radieschen putzen und ebenso wie die Würstchen in Scheiben schneiden. Radieschen- und Würstchenscheiben über die Kartoffeln geben. Die warme Fleischbrühe darübergießen, mit Salz und Pfeffer würzen. Die Mayonnaise vorsichtig darunterheben und den Salat 30 Minuten durchziehen lassen. Mit feingeschnittenem Schnittlauch bestreuen.

Variante: Einfacher Kartoffelsalat mit Mayonnaise

Den Salat wie im vorhergehenden Rezept zubereiten. Statt Radieschen und Würstchen 100 g gewürfelte Gewürzgurken und 1 rote Paprikaschote, gewürfelt, unter die Kartoffeln mischen. Ergibt 4–6 Portionen.
Als weitere Variante kann man den Salat zusätzlich mit 200 g gewürfeltem gekochtem Schinken zubereiten.

Feiner Kartoffelsalat

Im Bild auf Seite 55 vorne

Zutaten für 4 Portionen:
450 g Kartoffeln
(nur beste Salatkartoffeln wie
Mäusle oder Bamberger
Hörnle verwenden)
Salz
150 Zuckererbsen/
Zuckerschoten
100 g Frühlingszwiebeln
oder Schalotten
1 rote Pfefferschote
3 Eßl. feines Sonnenblumenöl
4 Eßl. Sherryessig
1 Tasse kräftige Fleischbrühe
1 Messerspitze weißer Pfeffer
1 Eßl. feingehackte Pimpinelle
2 hartgekochte Eier
1 Glas Kaviar (28,4 g)

Zubereitungszeit: 35 Minuten

Die Kartoffeln in der Schale in Salzwasser etwa 20 Minuten kochen. Die Zuckererbsen in gesalzenem Wasser kurz blanchieren. Sie sollen noch knackig sein.
Die Frühlingszwiebeln oder Schalotten putzen und in dünne Scheiben, die Pfefferschote entkernen und in feine Röllchen schneiden. Die Zwiebeln und die Pfefferschote in eine Schüssel geben, dazu das Öl, den Essig, die Fleischbrühe, ½ Teelöffel Salz, den Pfeffer und die Pimpinelle. Davon eine pikante Salatmarinade rühren. Die Kartoffeln noch warm schälen, in Scheiben schneiden, mit den Zuckererbsen in die Marinade geben und locker mischen. Den Salat auf Portionsteller verteilen, mit Eischeiben und Kaviar garnieren.

Sellerie

Neben dem Knollen- ist auch der Stangensellerie (Stauden- oder Bleichsellerie) ein feines Salatgemüse; am besten schmeckt er blanchiert, in 1 cm großen Stükken mit Roquefortdressing.

Waldorfsalat

Im Bild vorne

Er ist wohl der berühmteste Selleriesalat, und diese klassische Kombination von Sellerie, Äpfeln und Ananas ist einfach nicht zu verbessern. Die Sellerieknolle kann dafür auch gekocht werden; das folgende Rezept sieht jedoch rohe Selleriestreifen vor.

Zutaten für 6 Portionen:
1 mittelgroße Sellerieknolle
(etwa 350–400 g)
3 säuerliche Äpfel
(etwa 350–400 g)
Saft von ½ Zitrone
½ vollreife Ananas
(etwa 300 g Fruchtfleisch)
75 g Walnußkerne
Für die Salatsauce:
80 g Mayonnaise
100 g frische Sahne
1 Teel. Zucker
½ Teel. Salz
1 Messerspitze Ingwerpulver
¼ Teel. frisch gemahlener Pfeffer
1 Eßl. Obstessig

Zubereitungszeit: 25 Minuten
Marinierzeit: 30 Minuten

Die Sellerieknolle waschen, großzügig schälen und vierteln. Die Viertel in gleichmäßig dünne Scheiben (eine Aufschnittmaschine kann da sehr hilfreich sein) und dann in ganz dünne Streifen schneiden. Die Äpfel vierteln, vom Kernhaus befreien und ungeschält ebenfalls in hauchdünne Stifte schneiden. Die Sellerie- und Apfelstifte, damit sie ihre schöne Farbe behalten, sofort mit dem Zitronensaft in einer Schüssel anmachen. Die Ananas ebenfalls sehr großzügig schälen und die holzige Mitte herausschneiden. Das Fruchtfleisch dann in kleine Würfel schneiden. Die Walnüsse grobhacken.
Für die Salatsauce die Mayonnaise mit der Sahne verrühren, sämtliche Gewürze zufügen und zum Schluß den Obstessig darunterrühren. Den Salat damit anmachen und mindestens 30 Minuten im Kühlschrank durchziehen lassen, bevor er serviert wird.

Selleriesalat mit Speck

Im Bild hinten

Zutaten für 4–6 Portionen:
1 große Sellerieknolle
(700–800 g)
Salz
100 g durchwachsener
Räucherspeck
1 Eßl. Öl
1 mittelgroße Zwiebel
Für die Salatsauce:
2 Eßl. feiner Weinessig
2 Eßl. Kochbrühe vom Sellerie
½ Teel. Salz
¼ Teel. frisch gemahlener
weißer Pfeffer
3–4 Eßl. feines Salatöl

Zubereitungszeit: 60–70 Minuten
Marinierzeit: 1 Stunde

Die Sellerieknolle unter fließendem Wasser sorgfältig bürsten und schlechte Stellen mit einem spitzen Messer herausschneiden. Die Knolle in einem entsprechend großen Topf in Salzwasser etwa 50–60 Minuten (nicht zu weich) kochen. Die Knolle im Sud etwas abkühlen lassen, dann schälen und mit einem Buntmesser in Scheiben schneiden. Den durchwachsenen Räucherspeck ebenfalls in Scheiben schneiden und dann kleinwürfeln. In einer Pfanne das Öl erhitzen, die Speckwürfel darin bei starker Hitze ausbraten und auf ein Küchenpapier zum Ablaufen geben. Die Zwiebel schälen und würfeln.
Für die Salatsauce den Essig mit der Kochbrühe, dem Salz und dem Pfeffer kräftig verrühren. Dann erst das Öl daruntergeben und die Sauce über den Salat gießen. Die Speck- und Zwiebelwürfel einmischen und den Salat zugedeckt im Kühlschrank etwa 60 Minuten durchziehen lassen.

Fenchel

Zwar eine echte Gemüsepflanze, die meist gekocht und warm auf den Tisch kommt, steht Fenchel bei Salat-Spezialisten doch hoch im Kurs. Er wird sowohl roh und in ganz feine Scheibchen geschnitten als auch blanchiert verwendet. Durch das Blanchieren kann man dem Fenchel viel von seinem typischen strengen Geschmack nehmen, der nicht jedermanns Sache ist. Fenchel ist ein Wintergemüse (von Oktober bis März).

Fenchel-Salatteller

Im Bild vorne

Zutaten für 4 Portionen:
2 Fenchelknollen
3 Tomaten
1 mittelgroße Zwiebel
150 g gekochter Schinken
Für die Salatsauce:
1 Becher Magerjoghurt
2 Eßl. Weißweinessig
je 1 Eßl. kleingeschnittener
Dill und Schnittlauch
½ Teel. Salz
etwas frisch gemahlener Pfeffer

Zubereitungszeit: 20 Minuten

Von den Fenchelknollen das Grün abschneiden, die Stiele etwas kürzer beziehungsweise hohle Stiele ganz abschneiden. Die äußeren Blätter abnehmen oder nur schlechte Stellen ausschneiden. Die Knollen halbieren und in feine Scheiben schneiden. Die Tomaten einritzen, kurz in kochendes Wasser halten und häuten. Die Tomaten ebenfalls in Scheiben schneiden, dabei die Stielansätze entfernen. Die Zwiebel schälen und in feine Ringe schneiden. Den Schinken in Streifen schneiden.
Für die Sauce den Joghurt mit dem Essig, den Kräutern, dem Salz und Pfeffer verrühren und abschmecken. Die Fenchelstreifen, Tomatenscheiben und Schinkenstreifen auf einem großen flachen Teller anrichten. Die Zwiebelringe darüber verteilen, mit etwas kleingeschnittenem Fenchelgrün bestreuen und mit einem Zweig garnieren. Einen Teil der Joghurtsauce über den Salat gießen und den Rest in eine Sauciere geben.

Italienischer Fenchelsalat

Im Bild hinten

Zutaten für 4 Portionen oder für
8 Portionen als Vorspeise:
3 Fenchelknollen
2 Zucchini
2 Tomaten
1 Zwiebel
200 g italienische Mortadella
in Scheiben
Für die Salatsauce:
5 Eßl. Weinessig
¼ Teel. Salz
1 Teel. mittelscharfer Senf
1 Prise Zucker
frisch gemahlener weißer Pfeffer
4–6 Blättchen frisches Basilikum
½ Teel. gehacktes Fenchelgrün

Zubereitungszeit: 25 Minuten

Von den Fenchelknollen das Grün abschneiden, die Stiele kürzen, eventuell hohle Stiele ganz abschneiden. Die Zucchini heiß abwaschen, abtrocknen und in feine Scheiben schneiden. Die Tomaten einritzen, kurz in kochendes Wasser halten, häuten und halbieren. Die Kerne herausnehmen und die Hälften vierteln. Die Zwiebel schälen und in Ringe schneiden. Die Mortadellascheiben vierteln und die Viertel in Streifen schneiden. Alle Zutaten in eine große Schüssel geben und vermengen.
Für die Sauce den Essig mit dem Salz verrühren, bis sich das Salz aufgelöst hat. Den Senf, den Zukker und Pfeffer unterrühren. Die Basilikumblättchen mit einer Schere in feine Streifen schneiden und mit dem Fenchelgrün unter die Salatsauce rühren. Die Sauce eßlöffelweise über den Salat geben und vorsichtig unterheben.

Bayerischer Weißkrautsalat

Im Bild vorne

Zutaten für 4–6 Portionen:
etwa 750 g Weißkohl
Salz
150 g durchwachsener Räucherspeck
1 große Zwiebel
Für die Salatsauce:
4 Eßl. Weinessig
etwas Salz und frisch gemahlener Pfeffer
2 Teel. Kümmel
5 Eßl. Sonnenblumenöl

Zubereitungszeit: 25 Minuten

Den Kohlkopf putzen, vierteln, die Strünke herausschneiden und die Viertel in feine Streifen schneiden (hobeln). Die Kohlstreifen in reichlich Salzwasser etwa 8–10 Minuten blanchieren. Sie sollen zwar weich sein, aber noch einen »Biß« haben. In einem Sieb abtropfen lassen. Den Speck in kleine Würfel schneiden, in einer heißen Pfanne knusprig ausbraten und auf Küchenpapier abtropfen lassen. Die Zwiebel schälen und ebenfalls in sehr feine Würfel schneiden. Zusammen mit dem Speck unter das Kraut mischen.
Für die Salatsauce den Essig mit Salz, Pfeffer, dem Kümmel und dem Sonnenblumenöl verrühren und damit den Krautsalat anmachen. Lauwarm servieren.

Wirsingsalat

Im Bild in der Mitte

Zutaten für 4 Portionen:
etwa ½ Kopf Wirsing (500 g)
250 g Eßkastanien (Maroni)
200 g gekochte Kartoffeln
Für die Salatsauce:
3 Eßl. Weinessig
4 Eßl. konzentrierte Fleischbrühe
1 Teel. Salz
¼ Teel. frisch gemahlener Pfeffer
¼ Teel. Zucker
1 Teel. scharfer Senf
5 Eßl. feines Olivenöl
Zum Garnieren:
150 g Parmaschinken in hauchdünnen Scheiben

Zubereitungszeit: 25 Minuten
Marinierzeit: 30 Minuten

Den Wirsingkopf zerlegen, die Blätter kurz in kochendem Wasser blanchieren, herausnehmen und die dicken Rippen herausschneiden. Die Blätter in Streifen schneiden. Die Kastanien im Backofen rösten, bis sie aufspringen, dann schälen und kleinhakken. Die Kartoffeln schälen und in Scheiben schneiden.
Für die Salatsauce den Essig, die Fleischbrühe, das Salz, den Pfeffer, den Zucker und den Senf mit einem Schneebesen zu einer sämigen Sauce rühren. Dann das Öl daruntergeben und den Salat damit anmachen. Mindestens 30 Minuten im Kühlschrank marinieren lassen. Den Salat auf Tellern anrichten. Den Parmaschinken zu Röllchen formen und diese auf dem Salat servieren.

Rotkohlsalat

Im Bild hinten

Zutaten für 4 Portionen:
etwa 750 g Rotkohl
Salz
2 säuerliche Äpfel · 1 Orange
Für die Salatsauce:
5 Eßl. Rotweinessig
1 Eßl. Zucker · 1 Teel. Salz
1 Teel. scharfes Paprikapulver
Saft von 1 Orange
⅛ l saure Sahne
2 Eßl. Pflanzenöl

Zubereitungszeit: 20 Minuten
Marinierzeit: 30 Minuten

Den Rotkohl wie den Weißkohl im ersten Rezept vorbereiten und blanchieren. Die Äpfel schälen, vierteln, das Kernhaus herausschneiden und die Apfelviertel in dünne Spalten schneiden. Die Orange ebenfalls schälen, alles Weiße entfernen und die Filets herausschneiden.
Für die Salatsauce den Essig mit den Gewürzen, dem Orangensaft und der sauren Sahne verrühren. Dann das Öl zugeben und die Sauce unter den Salat mischen. Den Rotkohlsalat mindestens 30 Minuten im Kühlschrank durchziehen lassen.

Chinakohl

Dieser chinesische Kohl, der auch ein ganz vorzüglicher Salat sein kann, wird in seiner Heimat »Pe-Tsai« genannt. Die Chinesen schätzen ihn nur als Gemüse. Bei uns hat er sich als besonders vitaminreicher Salat durchgesetzt und viele Freunde gefunden. Darüber hinaus ist er auch noch sehr preiswert. Chinakohl ist, in Folie gewickelt, im Kühlschrank relativ lange haltbar (mindestens 2 Wochen) und kann auch blattweise verbraucht werden.

Fruchtiger Chinakohlsalat

Zutaten für 4 Portionen:
½ Kopf Chinakohl (400–500 g)
2 säuerliche Äpfel
4 Scheiben Ananas aus der Dose
60 g gehackte Walnußkerne
Für die Salatsauce:
2 Eßl. Obstessig
1 Eßl. Zitronensaft
oder Limettensaft
1 Teel. Zucker
½ Teel. Salz
¼ Teel. frisch gemahlener Pfeffer
1 Ingwerpflaume
(in Sirup eingelegter Ingwer)
3 Eßl. Sonnenblumenöl

Zubereitungszeit: 25 Minuten

Aus der halben Chinakohlstaude den Strunk sehr sorgfältig herausschneiden und wenn nötig auch noch die dicken Rippen. Die Kohlblätter in Streifen schneiden. Die Äpfel unter fließendem warmem Wasser bürsten und ungeschält halbieren. Das Kernhaus entfernen und das Fruchtfleisch in dünne Scheiben schneiden. Die Ananasscheiben in Stücke schneiden und die Walnüsse grobhakken. Alles in einer Schüssel vermischen.

Den Obstessig mit dem Zitronen- oder Limettensaft und den Gewürzen mit einem Schneebesen cremig rühren. Den eingelegten Ingwer in ganz kleine Würfel schneiden und mit dem Öl unter die Salatsauce rühren. Den Chinakohlsalat mit der Sauce anmachen, eventuell im Kühlschrank noch einige Minuten durchziehen lassen und servieren.

Variante: Chinakohlsalat mit Joghurtsauce

Die Salatzutaten sind identisch mit dem vorangegangenen Rezept. Für die Sauce 2 Eßlöffel Mayonnaise mit ½ Becher Magerjoghurt, 2 Eßlöffeln Orangensaft, 1 Eßlöffel Zitronensaft und ½ Teelöffel Salz verrühren. 1 Peperoni längs aufschneiden, die Kerne entfernen und die Schote in ganz feine Würfelchen schneiden. Die Würfel mit 1 Eßlöffel feingehackter Zitronenmelisse und mit der Sauce unter den Salat mischen. Den Salat vor dem Servieren etwas durchziehen lassen.

Die Menge ergibt 4 Portionen.

Variante: Chinakohlsalat mit Paprika

½ Kopf Chinakohl in Streifen schneiden. 2 rote Paprikaschoten halbieren, alle Kerne und weißen Rippen entfernen, die Schoten in feine Würfel schneiden. 1 große rote Zwiebel schälen und feinwürfeln. 100 g gekochten Schinken ebenfalls feinwürfeln. Für die Sauce 3 Eßlöffel Estragonessig mit 1 Eßlöffel heller Sojasauce, 2 Eßlöffeln Sahne, 1 sehr fein zerdrückten Knoblauchzehe, je ½ Teelöffel Salz und Zucker sowie 12 Tropfen Tabasco cremig verrühren. Zuletzt 3–4 Eßlöffel Olivenöl darunterrühren und damit den Salat anmachen. Er sollte 10–20 Minuten durchziehen, bevor er zu Tisch gebracht wird.

Die Menge ergibt 4 Portionen.

Broccoli und Blumenkohl

Diese beiden Kohlsorten eignen sich, vorher kurz blanchiert, für besonders interessante Salatkombinationen. Beide Sorten können auch als Rohkost angerichtet werden, jedoch sollten Sie sie dann ganz fein schneiden und in der Salatsauce ausreichend lange marinieren lassen. Beim Einkauf muß man darauf achten, daß sich für Salat nur kernige, ganz frische Ware eignet; das ist vor allem wichtig beim Broccoli, dessen dikke Stiele ja auch eßbar sind.

Broccolisalat mit Leberscheiben

Im Bild vorne

Zutaten für 4 Portionen:
400 g Broccoli · Salz
80 g Frühlingszwiebeln
1 kleine rote Peperoni (Pfefferschote)
60 g Pinienkerne
Für die Salatsauce:
3 Eßl. weißer Weinessig
1 Eßl. Zitronensaft
½ Teel. Salz
½ Knoblauchzehe
1 Messerspitze frisch gemahlener weißer Pfeffer
1 Messerspitze Ingwerpulver
5 Eßl. Sonnenblumenöl
Für die Leberscheiben:
300 g Kalbsleber
2 Eßl. Butter · Salz
frisch gemahlener Pfeffer
etwas edelsüßes Paprikapulver

Zubereitungszeit: 35 Minuten

Den Broccoli sorgfältig putzen, unter fließendem Wasser waschen und, mit Salzwasser bedeckt, in etwa 10 Minuten nicht zu weich kochen. Den Kohl herausnehmen und sofort in Eiswasser legen, damit er seine schöne grüne Farbe behält. Anschließend ablaufen lassen, in kleine Röschen teilen und die Stiele eventuell etwas kleinschneiden. Die Frühlingszwiebeln und die Peperoni (sorgfältig entkernt) in Ringe schneiden. Beides mit den Pinienkernen und dem Broccoli in eine Schüssel geben.
Für die Salatsauce den Essig mit dem Zitronensaft und dem Salz verrühren. Den Knoblauch fein zerdrücken und mit dem Pfeffer sowie dem Ingwerpulver unter die Essigmischung rühren. Zuletzt das Öl zufügen. Den Salat mit der Sauce anmachen und einige Minuten durchziehen lassen.
Die Kalbsleber von eventuellen Adern befreien und in dünne Scheiben schneiden. In einer Pfanne die Butter erhitzen und die Leberscheiben darin bei starker Hitze etwa 1 Minute braten. Während dieser Zeit mit Salz, Pfeffer und Paprikapulver bestreuen. Die Leberscheiben wenden und höchstens noch ½ Minute braten. Sofort aus der Pfanne nehmen und lauwarm neben dem Salat anrichten.

Blumenkohlsalat

Im Bild hinten

Zutaten für 4 Portionen:
400 g Blumenkohl · Salz
80 g Staudensellerie
80 g Möhren · 100 g Walnüsse
Für die Salatsauce:
100 g Mayonnaise
60 g frische Sahne
2 Teel. Zitronensaft
½ Teel. Salz
1 Teel. extrascharfer Meerrettichsenf
1 Teel. gehackte Kapern
frisch gemahlener Pfeffer

Zubereitungszeit: 20 Minuten

Den Blumenkohl unter fließendem Wasser putzen, waschen, in kleine Röschen teilen und, mit Salzwasser bedeckt, 3–4 Minuten kochen. Sie sollen noch einen knackigen Kern haben. In einem Sieb ablaufen lassen. Die Möhren und den Staudensellerie putzen und in hauchdünne Streifen schneiden. Die Walnüsse halbieren oder grobhacken. Alles mischen.
Für die Salatsauce die Mayonnaise mit der Sahne und dem Zitronensaft verrühren. Das Salz, den Senf, die Kapern sowie Pfeffer darunterrühren und abschmekken. Den Salat mit dieser Sauce anmachen und sofort servieren.

Möhren und Kohlrabi

Karotten oder Möhren und Kohlrabi sind ideale Gemüse für Rohkostsalate, aber beide können auch kurz blanchiert werden, jedoch wirklich nur ganz kurz, weil sie dadurch nicht nur das »Knackige« verlieren, sondern auch viel von ihrem frischen Geschmack. Für Salate sollte man beim Einkauf wählerisch sein und nur ganz junges, zartes Gemüse nehmen. Kinder essen diese Rohkostsalate aus Möhren und Kohlrabi besonders gern.

Karottensalat mit Melone

Im Bild vorne

Zutaten für 4 Portionen:
400 g junge Möhren/Karotten
2 Orangen
½ mittelgroße Honigmelone
40 g Walnußkerne
Für die Salatsauce:
Saft von 1 Zitrone
Saft von 1 Orange
1 Eßl. Honig
1 Eßl. Sonnenblumenöl
1 Messerspitze Zimt
1 Messerspitze Salz

Zubereitungszeit: 25 Minuten
Marinierzeit: mindestens 30 Minuten

Da man für Salat ohnehin nur junge Möhren verwendet, werden sie unter fließendem Wasser nur kräftig gebürstet; dann mit dem Messer in ganz feine Streifen schneiden oder in entsprechender Körnung raspeln. Die Orangen schälen und mit einem spitzen Obstmesser filetieren; das Fruchtfleisch wird dabei zwischen den trennenden Häuten der Segmente herausgeschnitten. Die Melone schälen, von den Kernen befreien und dann in Würfel schneiden oder mit einem sogenannten »Kartoffelausstecher« Kugeln aus dem Fruchtfleisch stechen. Die Walnüsse grobhacken. Alle Zutaten in eine Schüssel geben.
Für die Salatsauce den Zitronensaft mit dem Orangensaft, dem Honig und dem Sonnenblumenöl verrühren, mit dem Zimt und dem Salz sehr zart würzen. Den Salat mit dieser Sauce anmachen und mindestens 30 Minuten im Kühlschrank gut durchziehen lassen.

Variante: Karottenrohkost mit Kohlrabi und Radieschen

350 g junge Möhren/Karotten unter fließendem Wasser abbürsten und in feine Streifen schneiden. 1 Kohlrabi (etwa 150 g) schälen und in ganz kleine Würfel schneiden, 1 Bund Radieschen putzen und in Scheiben schneiden. Für die Salatsauce ½ Becher Magermilchjoghurt mit dem Saft von 1 Zitrone verrühren. ¼ Teelöffel gehackten grünen Pfeffer (aus dem Glas), 2 Eßlöffel feingehackte rote Paprikaschote, ½ Teelöffel Salz, 1 Messerspitze Zucker und 1 fein gewürfelte eingelegte Ingwerpflaume unter die Joghurtmischung rühren. Den Salat mit dieser Sauce anmachen und im Kühlschrank mindestens 30 Minuten durchziehen lassen. Wer die Gemüse ganz frisch und knakkig möchte, sollte den Salat sofort servieren.
Die Menge ergibt 4 Portionen.

Kohlrabirohkost mit Kräuterjoghurt

Im Bild hinten

Zutaten für 4 Portionen:
500 g junge Kohlrabi
Für die Salatsauce:
1 Becher Joghurt
¼ Teel. Salz
1 Messerspitze Pfeffer
1 Eßl. gehackte Petersilie
1 Eßl. feingeschnittener Schnittlauch

Zubereitungszeit: 20 Minuten
Marinierzeit: mindestens 30 Minuten

Die Kohlrabi sorgfältig schälen und grobraspeln oder mit dem Messer in ganz feine Stifte schneiden. Für die Salatsauce den Joghurt mit dem Salz und dem Pfeffer würzen, dann die Petersilie und den Schnittlauch darunterrühren. Den Kohlrabi mit der Sauce mischen und mindestens 30 Minuten durchziehen lassen.

Zucchini und Auberginen

Zucchini und Auberginen kennt man aus ihrer mediterranen Heimat als Gemüse. Selten werden sie zu Salat verarbeitet, aber sie sind fester Bestandteil der italienischen »Antipasti«, der beliebten kalten Vorspeisen.

Zucchinisalat

Im Bild vorne

Zutaten für 4 Portionen:
400 g Zucchini
3 Tomaten
1 gelbe oder grüne Paprikaschote
Für die Salatsauce:
2 Eßl. Sherryessig
1 Eßl. gehackte Schalotten
1 Eßl. scharfer Senf
etwas Salz und frisch gemahlener Pfeffer
1 Eßl. kleingeschnittener Schnittlauch
½ Teel. gehackter Thymian
4 Eßl. Olivenöl

Zubereitungszeit: 20 Minuten
Marinierzeit: 30 Minuten

Die Zucchini unter fließendem Wasser abbürsten und dann mit der Schale in feine Scheiben schneiden oder hobeln. Die Tomaten halbieren und entkernen. Das Fruchtfleisch in Streifen schneiden. Die Paprikaschote halbieren, die Kerne und weißen Rippen entfernen. Die Schote in dünne Streifen schneiden und diese dann ganz fein würfeln.
Für die Salatsauce den Essig mit den Schalotten, dem Senf, Salz und Pfeffer mit dem Schneebesen zu einer cremigen Sauce rühren. Dann den Schnittlauch und Thymian sowie das Öl zugeben und mit dieser Sauce den Salat anmachen. Den Zucchinisalat nach Möglichkeit 30 Minuten im Kühlschrank durchziehen lassen, bevor er serviert wird.

Variante: Zucchinisalat mit Eiern

Zutaten und Zubereitung sind identisch mit dem vorangegangenen Rezept, jedoch unter den Salat noch 2 in Ringe geschnittene rote Zwiebeln und 4 hartgekochte, in Scheiben geschnittene Eier geben. Der Sauce noch 2 zerdrückte Knoblauchzehen zufügen und die Ölmenge von 4 auf 6 Eßlöffel erhöhen. Dieser Salat sollte mindestens 60 Minuten marinieren, bevor er als Vorspeise gereicht wird.
Die Menge ergibt 6–8 Portionen als Vorspeise.

Auberginensalat

Im Bild hinten

Zutaten für 4 Portionen:
500 g Auberginen
2 Tomaten
1 Tasse schwarze Oliven
1 Knoblauchzehe
½ Teel. Salz
3 Eßl. Olivenöl
Für die Salatsauce:
1 Becher Joghurt
8–10 Tropfen Tabasco
1 Eßl. gehackte Petersilie
einige Thymianblättchen und Rosmarinnadeln

Zubereitungszeit: 20 Minuten
Marinierzeit: mindestens 1 Stunde

Die Auberginen im vorgeheizten Backofen rösten, bis die Haut Blasen wirft und sich leicht abziehen läßt. Nach Entfernen der Schale die Auberginen in dünne Scheiben schneiden. Die Tomaten einritzen, kurz in kochendes Wasser tauchen, häuten, halbieren, die Kerne entfernen und das Fruchtfleisch in Würfel schneiden. Die Auberginenscheiben und Tomatenwürfel sowie die Oliven in eine Schüssel geben. Die Knoblauchzehe hacken und zerdrücken, dann mit dem Salz und dem Olivenöl zugeben und gut untermengen. Den Salat zugedeckt mindestens 60 Minuten im Kühlschrank durchziehen lassen.
Für die Salatsauce den Joghurt mit dem Tabasco und den sehr fein gehackten Kräutern verrühren und kurz vor dem Servieren unter den Salat mischen.

Pilze als Salat

Pilze sollten grundsätzlich nicht roh zu Salat verwendet werden, weil sie teilweise in rohem Zustand giftig sind. Eine Ausnahme bilden die Champignons, die roh und feingeschnitten eine wahre Delikatesse sind. In jedem Fall sollte man für Salate nur frische Pilze verwenden, wenn man sie auch vorher dünstet oder in Butter brät, denn die »glitschigen« Dosenpilze (auch die Champignons) sind einfach eines feinen Salates unwürdig.

Salat von Austernpilzen und grünen Bohnen

Im Bild vorne

Zutaten für 4 Salatteller oder
für 8 Portionen als Vorspeise:
250 g junge grüne Bohnen
Salz
300 g junge Austernpilze
2 Eßl. Butter
frisch gemahlener Pfeffer
Für die Salatsauce:
3 Eßl. Olivenöl
1 Eßl. Weinessig
2 Eßl. Crème fraîche
½ Teel. Salz
frisch gemahlener Pfeffer
1 Eßl. gehackte Petersilie
1 Eßl. gehackte
Estragonblättchen
Zum Garnieren:
einige Salatblätter
(Frisée- oder anderer Blattsalat)

Zubereitungszeit: 25 Minuten

Die Bohnen putzen, halbieren, in wenig kochendes Salzwasser geben und in 8–10 Minuten garen. Die Austernpilze putzen, waschen und abtropfen lassen, dann in dünne Scheiben schneiden. Die Butter in einer Pfanne zerlassen und die Pilzscheiben darin in 6–8 Minuten gar braten; mit etwas Salz und Pfeffer würzen.
Für die Salatsauce das Olivenöl mit dem Essig, der Crème fraîche, dem Salz und Pfeffer verrühren. Dann die gehackten Kräuter einrühren. Die Bohnen und Pilze lokker mischen und mit frischen Salatblättern auf 4 Tellern anrichten. Die Salatsauce darübergeben.

Champignonsalat

Im Bild hinten

Zutaten für 4 Salatteller oder
für 8 Portionen als Vorspeise:
500 g Champignons oder
Egerlinge
½ rote Paprikaschote
½ Zwiebel
Saft von ½ Zitrone
Für die Salatsauce:
2 Eßl. Sherryessig
2 Eßl. konzentrierte Hühner- oder
Fleischbrühe
½ Teel. Salz
1 Knoblauchzehe
1 Eßl. gehackte Petersilie
1 Eßl. kleingeschnittener
Schnittlauch
4 Eßl. Olivenöl
Zum Garnieren:
etwas Feldsalat oder
anderer grüner Salat

Zubereitungszeit: 25 Minuten
Marinierzeit: 30 Minuten

Von den Pilzen den Stiel etwas abschneiden, die Haut der Kappen abziehen und die Pilze in Scheiben schneiden. Die Paprikaschote von den Kernen und weißen Rippen befreien und ganz fein würfeln. Die Zwiebel schälen und ebenfalls feinwürfeln. Pilze, Paprika und Zwiebel in einer Schüssel mit dem Zitronensaft mischen.
Für die Salatsauce den Essig mit den Zutaten von Hühnerbrühe bis Schnittlauch gut verrühren und zum Schluß mit dem Öl vermengen. Den Salat damit anmachen und möglichst 30 Minuten im Kühlschrank (mit Folie abgedeckt) durchziehen lassen. Mit einem Sträußchen Feldsalat oder anderem grünem Salat auf Tellern anrichten.

Dänischer Fischsalat

Im Bild vorne

Zutaten für 4 Portionen:
300 g Kabeljaufilet
1 l Wasser · ½ Eßl. Salz
Saft von 1 Zitrone
⅛ l trockener Weißwein
2 Eßl. Sonnenblumenöl
1 Eßl. gehackter Dill
½ Salatgurke · 2 Tomaten
½ Kopf Eissalat
Für die Salatsauce:
2 Eßl. Estragonessig
½ Teel. Salz
¼ Teel. frisch gemahlener Pfeffer
1 Eßl. gehackter Dill
3 Eßl. Sonnenblumenöl

Zubereitungszeit: 25 Minuten
Marinierzeit: 1–2 Stunden

Das Fischfilet in Würfel schneiden und in das kochende Wasser (gewürzt mit Salz und Zitronensaft) geben. Den Topf sofort vom Herd nehmen und den Fisch 2–3 Minuten ziehen lassen. Die Fischwürfel abseihen, in eine Schüssel geben, mit dem Wein und dem Öl übergießen und mit dem Dill bestreuen. Zugedeckt 1–2 Stunden im Kühlschrank marinieren lassen. Die Salatgurke heiß waschen und dünn hobeln. Die Tomaten halbieren, entkernen und in Spalten schneiden; dabei den Stielansatz entfernen. Den Eissalat waschen, trockenschleudern und in Stücke zerpflücken.

Für die Salatsauce den Essig mit dem Salz und dem Pfeffer verrühren, den gehackten Dill und das Öl zugeben. Den Salat damit anmachen und sofort servieren.

Rheinischer Heringssalat

Im Bild hinten

Zutaten für 4 Portionen:
8 Salzheringsfilets
3 mittelgroße Delikateßgurken
2 gekochte kleine Knollen rote Bete
150 g kalter Kalbsbraten (Lende)
1 großer säuerlicher Apfel
2 große Pellkartoffeln
6 Walnußkernhälften
Für die Salatsauce:
1 Becher saure Sahne (100 g)
½ Glas Mayonnaise (125 g)
Saft von ½ Zitrone
½ Teel. frisch gemahlener weißer Pfeffer
1 gestrichener Teel. Salz
2 Eßl. Kapern
Zum Garnieren:
kleingeschnittener Schnittlauch
2 hartgekochte Eier

Zubereitungszeit: 40 Minuten

Die Heringsfilets in kaltes Wasser legen und ½ Stunde wässern; dann herausnehmen und auf einem Sieb abtropfen lassen. Die Gurken und die roten Beten schälen. Die Heringsfilets, den Kalbsbraten, die Gurken und die roten Beten würfeln. Den Apfel schälen, entkernen und ebenso wie die Pellkartoffeln würfeln, etwas kleiner als die Heringswürfel. Die Nüsse grobhacken.
Die Sahne mit den übrigen Zutaten verrühren und unter den Salat heben. Mit Schnittlauch und Eiachteln garnieren.

Matjesteller

Im Bild in der Mitte

Zutaten für 4 Portionen:
300 g milde Matjesfilets
150 g Gewürzgurken
4 hartgekochte Eier
150 g rote Bete
1 Bund Petersilie
Für die Salatsauce:
½ Becher saure Sahne (100 g)
¼ Teel. Salz
¼ Teel. frisch gemahlener Pfeffer
1 Eßl. Zitronensaft
3 Eßl. feingehackte Zwiebel
2 Eßl. feines Salatöl

Zubereitungszeit: 25 Minuten

Die Matjesfilets in schmale Streifen schneiden. Die Gewürzgurken, die Eier (Eigelb und Eiweiß getrennt), die rote Bete und die Petersilie feinhacken und alles häufchenweise auf einem großen Teller anrichten.
Die saure Sahne mit den übrigen Zutaten zu einer Sauce rühren und dazu servieren.

Muschelsalat mit Bohnen

Im Bild hinten

Zutaten für 4 Portionen:
200 g weiße Bohnen
1 Möhre
1 Stück Petersilienwurzel
1½ Zwiebel
1 Lorbeerblatt
1 kg Miesmuscheln (ergibt etwa 350–400 g ohne Schale)
½ l Weißwein · 2 Tomaten
Für die Salatsauce:
3 Eßl. Rotweinessig
1 Teel. scharfer Senf
½ Teel. Salz
1 Teel. edelsüßes Paprikapulver
etwas frisch gemahlener Pfeffer
5–6 Eßl. Olivenöl

Einweichzeit: über Nacht
Zubereitungszeit: 40 Minuten
Marinierzeit: 30 Minuten

Die Bohnenkerne über Nacht in kaltem Wasser einweichen. Am nächsten Tag die Möhre und die Petersilienwurzel putzen, ½ Zwiebel schälen. Dann die Bohnen mit dem Wurzelgemüse und dem Lorbeerblatt in Salzwasser nicht zu weich kochen. Die Muscheln unter fließendem Wasser gut abbürsten (bereits geöffnete Muscheln wegwerfen). Den Weißwein in einen großen Topf geben und die Muscheln darin zugedeckt garen, bis sie sich öffnen. Die Muscheln aus der Schale lösen. Das Wurzelgemüse in kleine Würfel schneiden und mit den Muscheln und Bohnen mischen. 1 Zwiebel feinhacken. Die Tomaten einritzen, kurz in kochendes Wasser tauchen, schälen, entkernen und in Würfel schneiden. Unter den Muschelsalat mischen.
Den Essig mit dem Senf und den Gewürzen kräftig verrühren und dann das Öl zugeben. Den Salat vorsichtig (damit die Muscheln nicht zerfallen) mit der Sauce anmachen und im Kühlschrank 30 Minuten durchziehen lassen.

Feiner Meeressalat

Im Bild vorne

Zutaten für 4 Portionen:
500 g Herzmuscheln
¼ l Wasser
¼ l Weißwein
Salz
200 g gekochte Garnelen (Shrimps)
2 Avocados
1 kleiner Kopf Eichblattsalat
Für die Salatsauce:
2 Eßl. Sherryessig
½ Teel. scharfer Senf
etwas Salz und frisch gemahlener Pfeffer
4 Eßl. Olivenöl
1–2 Eßl. gehackter Dill

Zubereitungszeit: 35 Minuten

Die Muscheln unter fließendem Wasser gut abbürsten (bereits geöffnete Muscheln wegwerfen), dann in der Mischung von Wasser und Wein mit etwas Salz kochen, bis sie vollständig geöffnet sind. Die gekochten Garnelen aus den Schalen lösen. Die Avocados schälen, die Steine entfernen und das Fruchtfleisch in Scheiben schneiden. Den Eichblattsalat waschen und trockenschleudern. Die einzelnen Zutaten auf Tellern anrichten.
Den Essig mit dem Senf, Salz und Pfeffer verrühren, anschließend das Öl und den Dill daruntermischen. Die Sauce über den Salat geben.

Variante: Warmer Muschelsalat

500 g gekochte Kartoffeln schälen, solange sie noch warm sind und in Scheiben schneiden. 1 Glas trockenen Weißwein darübergießen und vorsichtig mischen. 1 kg Muscheln unter fließendem Wasser abbürsten und mit ½ Zwiebel und 1 Lorbeerblatt in leicht gesalzenem Wasser kochen, bis sich die Schalen öffnen. Für die Salatsauce 2 Eßlöffel Obstessig mit etwas Salz und frisch gemahlenem Pfeffer verrühren, dann 5–6 Eßlöffel Olivenöl und zuletzt je 1 Eßlöffel gehackten Kerbel und kleingeschnittenen Schnittlauch einrühren. Die Kartoffeln mit der Sauce anmachen. Die Muscheln aus den Schalen nehmen, vorsichtig unter die Kartoffeln mischen und den Salat warm servieren.
Die Menge ergibt 4–6 Portionen.

DU JARDIN

Feiner Fleischsalat mit Kürbis

Die Zubereitung dieses Salates lohnt sich erst so recht für eine große Tischrunde oder für eine Party. Man kann die Zutaten leicht vorbereiten und den Salat dann kurz vor dem Auftragen anmachen.

Zutaten für 8 Portionen:
300 g kalter Schweinebraten
300 g geräucherte, gekochte Rinderzunge
300 g gekochter Schinken
1 Glas süß-saurer Kürbis (etwa 400 g)
2 Zwiebeln
200 g Senfgurken
200 g Essiggurken
2 säuerliche Äpfel
Saft von ½ Zitrone
4 hartgekochte Eier
Für die Salatsauce:
300 g Mayonnaise
½ Becher Sahne (100 g)
1 Eßl. scharfer Senf
½ Teel. Salz
¼ Teel. frisch gemahlener Pfeffer
2 Teel. scharfes Paprikapulver
1 Knoblauchzehe
1 Eßl. Kapern
3 Eßl. gehackte gemischte Kräuter (Petersilie, Schnittlauch und Dill)

Zubereitungszeit: 40 Minuten
Kühlzeit: 20 Minuten

Den Schweinebraten in Scheiben und dann in Streifen schneiden. Von der Zunge die Haut abziehen und die Zunge ebenfalls in Streifen schneiden. Den Schinken in kleine Würfel schneiden. Den Kürbis ablaufen lassen und die Stücke kleinschneiden. Die Zwiebeln schälen. Die Senfgurken, Essiggurken und die Zwiebeln würfeln. Die Äpfel schälen, vom Kernhaus befreien, in Stifte schneiden und sofort mit dem Zitronensaft beträufeln, damit sie nicht braun werden. Die Eier schälen und in Scheiben schneiden.
Für die Sauce die Mayonnaise mit der Sahne und den Gewürzen verrühren. Die Knoblauchzehe schälen, feinhacken und zerdrükken, damit sie sich gut verteilen kann. Die Kapern hacken und mit dem Knoblauch sowie den Kräutern zur Sauce geben. Den Salat mit der Sauce vorsichtig anmachen (einige Eischeiben kann man für die Dekoration zurückbehalten). Wenn nötig, noch etwas Sahne zugeben. Den Salat gut gekühlt servieren.

Variante: Fleisch-Käse-Salat

250 g kalten Kalbsbraten und 150 g gekochten Schinken kleinwürfeln. 1 kleine Dose Champignons gut abtropfen lassen und in dünne Scheiben schneiden. 150 g Gewürzgurken kleinwürfeln. 200 g Greyerzer oder Bergkäse erst in Scheiben schneiden und dann ebenfalls feinwürfeln. 1 mittelgroße Zwiebel schälen und würfeln. Alle Zutaten in einer Schüssel mischen. Für die Salatsauce ½ Becher saure Sahne mit dem Saft von 1 Zitrone, 2 Teelöffeln Aceto balsamico (Balsamessig), ½ Teelöffel Salz, 1 Teelöffel grob gehacktem grünem Pfeffer und ½ zerdrückten Knoblauchzehe verrühren. 1 Bund Schnittlauch kleinschneiden. 1 Peperoni (Pfefferschote) aufschneiden und nach dem Entfernen der Kerne ganz fein hacken. Den Schnittlauch und die Peperoni mit 3 Eßlöffeln Sonnenblumenöl in die Sauce rühren. Die Sauce unter den Salat mischen. Mit 2 hartgekochten, in Scheiben geschnittenen Eiern dekorieren.
Die Menge ergibt 4–6 Portionen.

Salatteller mit Hühnerfleisch

Im Bild vorne

Zutaten für 4 Portionen:
1 Kopf Eichblattsalat
4 Hähnchenbrustfilets
(etwa 350 g)
Salz
frisch gemahlener weißer Pfeffer
30 g Butter · 1 Teel. Öl
1 Birne · 1 reife Avocado
1 Teel. Zitronensaft
300 g blaue Weintrauben
150 g italienische Mortadella
Für die Salatsauce:
60 g Doppelrahmfrischkäse
⅛ l Sahne
½ kleine Knoblauchzehe
Salz
2 Eßl. Grapefruitsaft
1 Eßl. Zitronensaft
½ Bund Basilikum
½ Kästchen Kresse

Zubereitungszeit: 45 Minuten

Den Eichblattsalat zerteilen, putzen, waschen und trockenschleudern. Die Hähnchenbrustfilets mit Salz und weißem Pfeffer bestreuen. Die Butter und das Öl in einer Pfanne erhitzen. Die Filets darin von jeder Seite in 2–3 Minuten rosa braten; noch heiß in Alufolie einschlagen und abkühlen lassen. Die Birne schälen, vierteln, entkernen und in feine Scheiben schneiden. Die Avocado längs halbieren. Die Hälften schälen, den Stein entfernen und das Fruchtfleisch längs in Spalten schneiden. Die Birnen- und Avocadospalten mit verdünntem Zitronensaft bepinseln. Die Weinbeeren enthäuten, halbieren und die Kerne entfernen. Die Mortadellascheiben halbieren und in Streifen schneiden.
Den Frischkäse mit der Sahne cremig rühren. Den Knoblauch schälen, feinhacken und mit etwas Salz zerreiben. Zusammen mit dem Grapefruit- und dem Zitronensaft mit dem Schneebesen in die Käsecreme rühren. Die Basilikumblättchen kleinschneiden und unterrühren. Abschmecken. Die Hähnchenbrustfilets quer zur Faser in schöne gleichmäßige Scheiben schneiden. Den austretenden Fleischsaft mit unter die Sauce rühren.
Alle Salatzutaten auf einem großen Teller anrichten. Einen Teil der Sauce über den Salat geben, mit der Kresse bestreuen. Die restliche Sauce in einer Sauciere dazustellen.

Lyoner Wurstsalat

Im Bild hinten

Zutaten für 4 Portionen:
1 große Zwiebel
1 kleine grüne Paprikaschote
1 kleine gelbe Paprikaschote
Salz · Öl
4 Delikatessgurken
500 g Fleischwurst (Lyoner)
2 mittelgroße Tomaten
1–2 Bund Schnittlauch
Für die Salatsauce:
4 Eßl. kaltes Wasser
4 Eßl. Rotweinessig
½ Teel. Salz
1 Teel. eingelegter grüner Pfeffer
6 Eßl. feines Pflanzenöl

Zubereitungszeit: 35 Minuten
Marinierzeit: etwa 2 Stunden

Die Zwiebel schälen und in feine Ringe schneiden. Die Paprikaschoten halbieren, die Kerne und die weißen Rippen entfernen und die Schoten in Streifen schneiden. ½ Tasse Salzwasser mit etwas Öl aufkochen, die Paprikastreifen darin 1–2 Minuten stark kochen, dann in dem Kochwasser erkalten lassen. Die Gurken eventuell schälen und in feine Scheibchen schneiden. Die Fleischwurst abziehen und ebenfalls in feine Scheiben schneiden. Die Tomaten einritzen, kurz in kochendes Wasser halten, danach schälen. Die Tomaten halbieren, die Kerne und Stielansätze entfernen und die Hälften in Streifen schneiden. Den Schnittlauch feinschneiden. Alle Zutaten in einer großen Schüssel locker mischen.
Für die Salatsauce das Wasser mit dem Essig und dem Salz verrühren, bis sich das Salz gelöst hat. Die Pfefferkörner zerdrücken und mit dem Öl unter die Sauce rühren. Die Sauce über den Salat geben. Den Wurstsalat kurz durchmischen und bei Raumtemperatur etwa 2 Stunden ziehen lassen.

Salat mit Wildfleisch

Im Bild vorne

Zutaten für 4 Portionen oder als Vorspeise für 8 Portionen:
400 g ausgelöstes Rehfleisch (vom Rücken oder aus der Keule)
Salz
frisch gemahlener Pfeffer
50 g Butter
100 g Gewürzgurke
100 g Senfgurke
1 großer säuerlicher Apfel
150 g gekochter Knollensellerie
100 g Pfifferlinge, frisch gedünstet
Für die Salatsauce:
3 Eßl. Rotweinessig
1 Teel. Zitronensaft
1 Teel. gehackte Kapern
½ Teel. Salz
etwas frisch gemahlener Pfeffer
4 Eßl. feines Pflanzenöl
Zum Garnieren:
die hellen Innenblätter von 1 Kopf Friséesalat
1 Eßl. gestiftelte Pistazien

Zubereitungszeit: 35 Minuten

Das ausgelöste Rehfleisch salzen und pfeffern. In einer Pfanne die Butter erhitzen, das Fleisch von allen Seiten bei starker Hitze kurz anbraten und im vorgeheizten Backofen bei 220 °C schön rosig braten. Das Fleisch abkühlen lassen, danach in dünne Scheiben schneiden. Die Gewürz- und Senfgurken in Würfel schneiden. Den Apfel schälen, entkernen und in Stifte schneiden. Die gekochte Sellerieknolle schälen und in Würfel schneiden.
Für die Salatsauce den Essig, den Zitronensaft, die Kapern, das Salz und Pfeffer in einer großen Salatschüssel kräftig verrühren und erst dann das Öl hineingießen. Kurz durchrühren, alle Salatzutaten zugeben und vorsichtig vermengen.
Den Friséesalat zerlegen und waschen. Die Blätter trockenschleudern und zerpflücken. Die Teller mit dem Friséesalat auslegen, darauf den Wildsalat geben und mit den Pistazien bestreuen.

Schinkensalat mit roten Beten

Im Bild hinten

Zutaten für 4 Portionen:
200 g Pellkartoffeln, am Vortag gekocht
200 g gekochter Schinken
300 g gekochte rote Bete
Salz
Für die Salatsauce:
3 Eßl. Rotweinessig
½ Teel. Salz
etwas frisch gemahlener Pfeffer
2 Teel. scharfer Senf
1 Teel. frisch geriebener Meerrettich
1 Chilischote
3 Eßl. feines Pflanzenöl
2 Eßl. Mayonnaise
Zum Garnieren:
1 hartgekochtes Ei
Salatblätter
eventuell Essiggürkchen

Zubereitungszeit: etwa 1 Stunde
Marinierzeit: 30 Minuten

Die Kartoffeln schälen und ebenso wie den Schinken in etwa 1 cm große Würfel schneiden. Die roten Beten in Salzwasser (sie sollen gerade bedeckt sein) weich kochen. Das dauert ungefähr 40–45 Minuten. Die roten Beten schälen und dabei die Stielansätze abschneiden. Abkühlen lassen und in ebenso große Würfel wie Schinken und Kartoffeln schneiden. Die Würfel kühl stellen.
In einer großen Salatschüssel den Essig mit dem Salz, Pfeffer, dem Senf und dem Meerrettich mit einem Schneebesen zu einer dicklichen Marinade aufschlagen. Dann erst die feingehackte Chilischote und das Öl, zuletzt die Mayonnaise zugeben. Dazu kommen die gut gekühlten Salatzutaten. Den Salat vorsichtig durcharbeiten, damit er nicht matschig wird, und 30 Minuten durchziehen lassen. Den Schinkensalat auf Tellern anrichten, mit Eischeiben, Salatblättern und nach Belieben mit in Fächer geschnittenen Essiggurken garnieren.

Reissalat mit Hummerfleisch

Im Bild vorne

Zutaten für 4 Portionen:
2 reife Avocados
1 Eßl. Orangensaft
1 Eßl. Zitronensaft
etwas Salz und frisch gemahlener Pfeffer
150 g Reis
200 g Hummerfleisch (frisch gekocht oder aus der Dose)
Für die Salatsauce:
1 Eßl. Mayonnaise
4 Eßl. Sahne
1 Eßl. Limettensaft oder Zitronensaft
½ Teel. Salz
etwas frisch gemahlener Pfeffer
1 Messerspitze Ingwerpulver
1 Messerspitze Knoblauchpulver
2 Eßl. feingehackte Schalotten
Zum Garnieren:
2 Stauden Chicorée
2 Eßl. Vinaigrette (Rezept Seite 11)
½ Eßl. gehackter Dill
1 hartgekochtes Ei

Zubereitungszeit: 45 Minuten

Die Avocados halbieren, den Stein entfernen, das Fruchtfleisch schälen und in Würfel schneiden. Die Würfel in eine entsprechend große Schüssel geben, mit dem Orangen- und Zitronensaft sowie etwas Salz und Pfeffer mischen und etwa 30 Minuten im Kühlschrank marinieren lassen. Den Reis in Salzwasser weich kochen, mit kaltem Wasser abbrausen und ablaufen lassen. Das Hummerfleisch in kleine Stücke schneiden beziehungsweise zerpflücken und mit dem Reis mischen.
Die Mayonnaise mit der Sahne, dem Limetten- oder Zitronensaft, den Gewürzen und den feingehackten Schalotten verrühren. Die Reismischung damit anmachen.
Die Chicoréestauden waschen, den Strunk herausschneiden und die Blätter auf den Tellern verteilen. Jeweils mit etwas Vinaigrette beträufeln. Den Reissalat darauf verteilen und die marinierten Avocadowürfel darübergeben. Mit dem Dill bestreuen und mit Eischeiben garnieren.

Reissalat mit Muscheln

Im Bild hinten

Zutaten für 4 Portionen:
1 kg frische Miesmuscheln
½ l trockener Weißwein
½ l Wasser
1 Zwiebel
1 Möhre
1 Teel. Salz
150 g Reis
150 g Blumenkohlröschen
100 g Möhren
2–3 Frühlingszwiebeln
Für die Salatsauce:
3 Eßl. Sherryessig
2 Teel. helle Sojasauce
2 Eßl. konzentrierte Fleischbrühe
½ Teel. Salz
2 Teel. edelsüßes Paprikapulver
¼ Teel. frisch gemahlener Pfeffer
1 Knoblauchzehe
2 Eßl. gehackte Schalotten
4 Eßl. Olivenöl

Zubereitungszeit: 45 Minuten
Marinierzeit: 20–30 Minuten

Die Muscheln unter fließendem Wasser gut abbürsten (bereits geöffnete Muscheln wegwerfen) und zugedeckt in dem Sud aus dem Wein, dem Wasser, der geviertelten Zwiebel, der geputzten und gewürfelten Möhre sowie dem Salz garen, bis sie sich öffnen. Das Muschelfleisch aus den Schalen lösen. Den Reis in Salzwasser weich kochen. Die Blumenkohlröschen und Möhren ebenfalls weich kochen. Die Möhren anschließend in Stifte schneiden. Die Frühlingszwiebeln in kleine Scheibchen schneiden. Alle Salatzutaten in einer Schüssel mischen.
Den Sherryessig mit der Sojasauce, der Fleischbrühe, dem Salz, dem Paprikapulver und dem Pfeffer zu einer sämigen Salatsauce rühren. Dann erst den zerdrückten Knoblauch, die gehackten Schalotten und das Öl zugeben. Den Salat mit der Sauce anmachen und 20–30 Minuten im Kühlschrank durchziehen lassen.

CUVÉE
COTEAU DES GIRARMES

Feiner Nudelsalat mit Kalbfleisch

Im Bild vorne

Zutaten für 4 Portionen:
180 g Bucatini oder Makkaroni
Salz
150 g junge Möhren/Karotten
150 g Staudensellerie
2 Tomaten
2 Eßl. Sonnenblumenöl
⅛ l Weißwein · ⅛ l Wasser
250 g gebratenes Kalbfleisch
2 Frühlingszwiebeln
Für die Salatsauce:
2 Eßl. feiner Weinessig
etwas Salz und frisch gemahlener Pfeffer
1 Eßl. gehackte Schalotten
½ Knoblauchzehe
3–4 Eßl. bestes Olivenöl

Zubereitungszeit: 40 Minuten

Die Bucatini (das sind dünne Makkaroni) einmal durchbrechen, in Salzwasser »al dente« (bißfest) kochen und kalt abspülen. Die Möhren putzen und in Streifen schneiden, desgleichen den Staudensellerie. Die Tomaten einritzen, kurz in kochendes Wasser halten, die Haut abziehen, die Tomaten entkernen und das Fruchtfleisch in Würfel schneiden; dabei die Stielansätze entfernen. In einer Kasserolle das Öl erhitzen, die Möhren- und Selleriestreifen darin ganz kurz anlaufen lassen, dann mit dem Weißwein und dem Wasser aufgießen. Salzen und etwa 5 Minuten bei offenem Topf garen. Die Tomatenwürfel 1 Minute mitgaren. Das Gemüse in einem Durchschlag ablaufen und erkalten lassen. Die Zutaten vermischt oder wie auf dem Bild nebeneinander auf Tellern anrichten. Das Kalbfleisch in Würfel, die Frühlingszwiebeln in dünne Scheibchen schneiden und darübergeben.
Für die Salatsauce den Essig mit Salz und Pfeffer (vorsichtig würzen, weil die übrigen Zutaten schon gesalzen sind), den ganz fein gehackten Schalotten und der zerdrückten Knoblauchzehe mit dem Schneebesen kräftig verrühren. Dann erst das Öl zugeben. Die Sauce über den Salat geben.

Variante: Nudelsalat mit Sahnesauce

Das gleiche Rezept läßt sich mit frischer Sahne sehr gut verwandeln oder sogar noch verbessern. Dafür wird nur das Öl auf 2 Eßlöffel verringert und zusätzlich werden 6 Eßlöffel leicht angeschlagene Sahne untergerührt.

Mailänder Nudelsalat

Im Bild hinten

Zutaten für 4 Portionen:
200 g grüne Nudeln
(Muscheln oder dergleichen)
Salz
250 g Zucchini
1 Eßl. Olivenöl
½ Teel. gehackter Thymian
⅛ l Weißwein
200 g italienische Mortadella im Stück
Für die Salatsauce:
2 Eßl. Mayonnaise
½ Becher saure Sahne (100 g)
Salz und frisch gemahlener Pfeffer
1 Teel. Zitronensaft
1 Teel. ganz fein gehackte Kapern
Zum Garnieren:
schwarze Oliven

Zubereitungszeit: 30 Minuten

Die Nudeln in Salzwasser »al dente« (bißfest) kochen, kalt abbrausen und ablaufen lassen. Die Zucchini unter fließendem Wasser bürsten, den Stiel großzügig abschneiden und die Zucchini in dünne Scheiben schneiden oder hobeln. In einer Pfanne das Öl erhitzen, die Zucchinischeiben mit dem Thymian und ½ Teelöffel Salz zugeben, kurz durchschwenken und mit dem Weißwein aufgießen. Bei guter Hitze unter ständiger Bewegung den Wein verdampfen lassen, dann die Zucchini sofort aus der Pfanne nehmen und erkalten lassen. Die Mortadella in Würfel schneiden. Die kalten Nudeln, die Zucchini sowie die Mortadellawürfel mischen und auf Tellern anrichten. Für die Sauce alle Zutaten miteinander verrühren. Den Nudelsalat mit Oliven garnieren und die Sauce darüber verteilen.

Nudelsalat mit Hühnerbrust und Trauben

Im Bild vorne

Zutaten für 4–6 Portionen:
200 g gekochte Hühnerbrust
200 g Weintrauben
150 g Fettuccine
(schmale Bandnudeln)
Salz
½ rote Peperoni
(Pfefferschote)
2 Frühlingszwiebeln
150 g gekochte Krabben
100 g gekochte Kürbiswürfel
Für die Salatsauce:
½ Glas Mayonnaise (125 g)
1–2 Teel. Currypulver
2 Eßl. Sahne
1 Messerspitze Salz

Zubereitungszeit: 25 Minuten

Das Hühnerfleisch in Scheiben schneiden. Die Weinbeeren halbieren, enthäuten und die Kerne entfernen. Die Fettuccine in Salzwasser »al dente« (bißfest) kochen, dann abgießen. Die Peperoni und die Frühlingszwiebeln in feine Ringe schneiden. Die Fleischscheiben auf Portionstellern anrichten. Die übrigen Zutaten locker mischen und auf die Teller geben.
Für die Salatsauce die Mayonnaise mit dem Currypulver, der Sahne und dem Salz verrühren und auf den Salat geben.

Hörnchensalat mit Käse und Schinken

Im Bild hinten

Zutaten für 4–6 Portionen:
250 g Hörnchennudeln
Salz
200 Berg- oder
Emmentaler Käse
200 g gekochter Schinken
150 g Chinakohl
2 Tomaten
Für die Salatsauce:
200 g Crème fraîche
1 Eßl. Zitronensaft
2 Teel. scharfer Senf
2 Eßl. Weißwein
etwas Salz und frisch gemahlener
Pfeffer
2 Eßl. gehackte Petersilie

Zubereitungszeit: 25 Minuten

Die Nudeln in reichlich Salzwasser bißfest kochen, dann abgießen. Den Käse in Streifen, den Schinken in Würfel schneiden. Den Chinakohl waschen, trockenschleudern und ebenfalls in Streifen schneiden. Die Tomaten einritzen, kurz in kochendes Wasser tauchen, dann die Haut abziehen. Die Tomaten vierteln, entkernen, vom Stielansatz befreien und würfeln.
Die Crème fraîche mit dem Zitronensaft, dem Senf und dem Weißwein verrühren. Mit Salz und Pfeffer abschmecken. Die gehackte Petersilie einrühren. Die Salatzutaten mischen und mit der Sauce anmachen.

Variante: Makkaronisalat

250 g Makkaroni bißfest kochen und abgießen. Die Nudeln in Stücke und 250 g Frankfurter Würstchen in Scheiben schneiden. 100 g Räucherspeck würfeln. 2 Äpfel schälen, halbieren, das Kernhaus entfernen und die Hälften in Würfel schneiden. Die Apfelwürfel sofort mit etwas Zitronensaft beträufeln. 2 Stauden Chicorée in Blätter zerteilen, waschen und gut abtropfen lassen. Mit den Blättern eine Salatschüssel auslegen. Für die Salatsauce 2 Eßlöffel Essig mit 1 Teelöffel Senf, 4 Eßlöffeln feinem Pflanzenöl, Salz und frisch gemahlenem Pfeffer verrühren. Nudeln, Würstchen und Apfelwürfel mischen und mit der Salatsauce anmachen. In die Schüssel auf den Chicorée füllen. Die Speckwürfel in einer Pfanne auslassen und mit dem Fett über den Salat geben.
Die Menge ergibt 4 Portionen.

Obst, das süße Salatdessert

Fast möchte man sagen: »Erlaubt ist, was gefällt«, denn bei der Zusammenstellung von Obstsalaten gibt es wirklich (fast) keine Grenzen. Manche Früchte harmonieren jedoch besonders gut miteinander. Auf den nächsten Seiten folgen einige beispielhafte Zusammenstellungen, die Anregung für weitere Kreationen sein sollen. Wenn Kinder mitessen, dann verzichten Sie auf die Schnäpse und Liköre.

Mango-Melonen-Salat

Im Bild vorne

Zutaten für 4–6 Portionen:
2 Limetten
1 Eßl. Puderzucker
2 cl brauner Rum
1 Mango (etwa 500 g)
1 Honigmelone (etwa 750 g)
100 g frische Himbeeren
60 g Walderdbeeren
Für die Salatsauce:
1 Eßl. Maracujasaft/
Passionsfruchtsaft
(von etwa 1 kleinen Frucht)
1 Eßl. Honig
1 Eßl. Orangenlikör
1 Eßl. Zitronensaft

Zubereitungszeit: 20 Minuten
Marinierzeit: etwa 1 Stunde

Die Limetten unter fließendem Wasser abbürsten, abtrocknen und mit der Schale in hauchdünne Scheiben schneiden. Den Puderzucker mit dem Rum mischen und die Limettenscheiben darin etwa 1 Stunde marinieren. Die Marinade dann für die Sauce mitverwenden. Die Mango an den Breitseiten knapp oberhalb und unterhalb des flachen Steins durchschneiden. Von den beiden Kappen die Schale abziehen und das Fruchtfleisch in dünne Segmente teilen. Restliches Fruchtfleisch von den Schmalseiten des Steins abschneiden und anderweitig verwenden. Die Melone vierteln, dabei die Kerne entfernen. Die Viertel schälen und ebenfalls in schmale Segmente schneiden. Die Beeren verlesen.
Für die Sauce alle Zutaten sowie die Marinade von den Limettenscheiben miteinander verrühren. Melonen-, Mango- und Limettenscheiben fächerförmig auf Tellern anrichten, die Beeren darüberstreuen und die Sauce darauf verteilen.

Fruchtsalat in der Melone

Im Bild hinten

Zutaten für 2–4 Portionen:
1 Ogenmelone (etwa 800 g)
1 Pfirsich
4 Aprikosen
1 Banane
1 Birne
1 Guave
60 g frische Erdbeeren
60 g frische Himbeeren
Für die Salatsauce:
40 g Zucker
Saft von ½ Orange
2 Eßl. Wasser
2 cl Amaretto (Mandellikör)

Zubereitungszeit: 30 Minuten

Die Melone mit einem kleinen spitzen Messer »zackig« halbieren. Dazu das Messer jeweils bis zur Mitte durchstechen. Die Kerne entfernen und aus dem Fruchtfleisch Kugeln ausstechen. Den Pfirsich und die Aprikosen kurz blanchieren, die Haut abziehen und das Fruchtfleisch in Stücke schneiden, dabei die Steine entfernen. Die Banane schälen und in Scheiben schneiden. Die Birne waschen, abtrocknen, ungeschält in Viertel schneiden und das Kernhaus entfernen. Die Guave schälen. Die Birnenviertel und die Guave in dünne Scheiben schneiden. Die Beeren verlesen.
Für die Sauce den Zucker, den Orangensaft und das Wasser zusammen aufkochen, abkühlen lassen und den Amaretto einrühren. Die Früchte mit der Sauce vorsichtig mischen und in die gekühlten Melonenhälften füllen.

Bunter Obstsalat

Im Bild vorne

Zutaten für 4 Portionen:
1 säuerlicher Apfel · 2 Kiwis
1 Tasse Weintrauben
8–10 frische Aprikosen, ersatzweise aus der Dose
1 Banane · 150 g Erdbeeren
Für die Salatsauce:
1 Eßl. Honig
Saft von 1 Orange · 1 Eßl. Rum
Für die Sahnehaube:
¼ l Sahne · 1 Eßl. Zucker
das Mark von ½ Vanilleschote
2 Teel. gehackte Pistazien

Zubereitungszeit: 25 Minuten
Marinierzeit: 1 Stunde

Den Apfel waschen, abtrocknen, mit der Schale vierteln und das Kernhaus herausschneiden. Die Viertel in dünne Segmente und diese in Streifen schneiden. Die Kiwis schälen und in Scheiben schneiden. Die Weintrauben halbieren, die Haut abziehen und Kerne entfernen. Frische Aprikosen kurz blanchieren, die Haut abziehen, die Früchte halbieren oder vierteln und entsteinen. Aprikosenhälften aus der Dose abtropfen lassen. Die Banane schälen und in Scheiben schneiden. Die Erdbeeren verlesen, von den Stielen abzupfen und halbieren. Die Früchte locker mischen.
Den Honig, den Orangensaft und den Rum verrühren, die Früchte damit übergießen und 1 Stunde marinieren. Den Salat vor dem Servieren vorsichtig mischen.
Die Sahne mit dem Zucker und dem Vanillemark halbsteif schlagen, auf den Fruchtsalat geben und mit Pistazien bestreuen.

Birnensalat

Im Bild in der Mitte

Zutaten für 4 Portionen:
500 g reife, säuerliche Birnen
Saft von 1 Zitrone
80 g Walnußkerne
80 g Preiselbeerkompott
Hohlhippen nach Belieben
Für die Salatsauce:
2 Eßl. Joghurt
2 Eßl. frische Sahne
Saft von ½ Zitrone
2 cl Birnengeist
1 Eßl. Puderzucker

Zubereitungszeit: 15 Minuten

Die Birnen waschen, abtrocknen und ungeschält halbieren. Das Kernhaus herausschneiden und die Birnenhälften in dünne Scheiben schneiden. Sofort in Zitronensaft legen, damit sich das Fruchtfleisch nicht verfärbt. Die Scheiben mit den Walnußhälften mischen und in vier Portionsschälchen anrichten. Das Preiselbeerkompott darauf verteilen. Mit Hohlhippen garnieren.
Alle Saucenzutaten miteinander verrühren. Die Joghurtsauce zum Salat reichen.

Salat aus Zitrusfrüchten

Im Bild hinten

Zutaten für 4 Portionen:
2 Grapefruit (möglichst mit rosa Fruchtfleisch)
2–3 Orangen · 1 Limette
100 g Brombeeren, frisch oder aus der Dose
Für die Salatsauce:
2 Eßl. Zucker · 1 Eßl. Honig
Saft von ½ Orange
Saft von ½ Zitrone
2 Eßl Wasser
2 cl Zitronenlikör

Zubereitungszeit: 25 Minuten
Marinierzeit: 15 Minuten

Die Grapefruit und die Orangen schälen, so daß auch die weiße Haut völlig entfernt wird. Die Grapefruitfilets zwischen den Häuten herausschneiden. Die Orangen in Scheiben schneiden. Die Limette heiß abbürsten, abtrocknen und in hauchdünne Scheiben schneiden. Frische Brombeeren verlesen, Beeren aus der Dose abtropfen lassen.
Für die Sauce alle Zutaten bis auf den Likör zusammen aufkochen, abkühlen lassen; dann den Zitronenlikör einrühren. Die vorbereiteten Früchte in Portionsschälchen anrichten, die Sauce darübergeben und durchziehen lassen.

Fruchtsalat mit Papaya und Kaki

Im Bild vorne

Zutaten für 4 Portionen:
1 ausgereifte Papaya
(300–400 g)
1 ausgereifte Kakifrucht
1 frische Feige
1 Kiwi
1 Orange
1 Apfel
4 Kirschen
4 kleine Pfefferminzzweige
Für die Salatsauce:
2 Eßl. Zucker
1 Eßl. Wasser
Saft von 1 Limette
½ Granatapfel
2 cl Cointreau
1 cl brauner Rum

Zubereitungszeit: 30 Minuten

Die Papaya mit einem scharfen Messer schälen, halbieren und die Kerne mit einem Löffel entfernen. Das Fruchtfleisch längs in schmale Spalten schneiden. Die Kaki waschen, trockentupfen und mit der Schale in dünne Scheiben schneiden. Die Feige und die Kiwi schälen, ebenfalls in Scheiben schneiden. Die Schale der Orange mit einem scharfen Messer in dicken Streifen abschneiden, so daß auch die darunterliegende weiße Haut völlig entfernt wird. Anschließend die Orangenfilets einzeln zwischen den Häuten heraustrennen. Den Apfel waschen, abtrocknen, vierteln und das Kernhaus entfernen. Die Viertel ungeschält in Spalten und diese in Stifte schneiden. Alle Früchte kalt stellen.
Für die Sauce den Zucker, das Wasser und den Limettensaft etwa 2 Minuten sprudelnd kochen, dann erkalten lassen. Die Granatapfelkernchen mit einem Löffel vorsichtig aus der Schale herauslösen, mit dem Cointreau und dem Rum in die Sauce rühren. Die gut gekühlten Früchte auf vier Tellern hübsch anrichten. Die Sauce darüberlöffeln, mit je 1 Kirsche und Pfefferminzzweig garnieren.

Mein Tip: Als kleines Dessert kann das Rezept halbiert und der Fruchtsalat mit Vanilleeiscreme serviert werden.

Feinschmeckers Obstsalat

Im Bild hinten

Zutaten für 4 Portionen:
½ kleine frische Ananas
2 Orangen
½ Ogenmelone
16 große Weintrauben
8 Zwetschgen
1 Banane
1 Kiwi
2 Eßl. frische oder
tiefgefrorene Johannisbeeren
Für die Salatsauce:
2 Eßl. Honig
2 Eßl. Ananassaft
2 Eßl. Orangensaft
1 Eßl. Pflaumenschnaps

Zubereitungszeit: 35 Minuten

Die Schale der Ananas dünn abschneiden, eventuell verbliebene »Augen« mit einem spitzen Messer ausstechen. Die Ananashälfte längs in Segmente teilen und den Strunk herausschneiden. Die Segmente in dicke Scheiben schneiden. Die Orangen wie im vorhergehenden Rezept schälen und in Segmente teilen. Aus der Melone Kugeln ausstechen. Die Weintrauben halbieren, die Haut abziehen und die Kerne entfernen. Die Zwetschgen vierteln, dabei die Steine herauslösen. Die Banane und die Kiwi schälen und in dünne Scheiben schneiden. Tiefgefrorene Johannisbeeren auftauen. Alle vorbereiteten Früchte kühl stellen.
Für die Sauce alle Zutaten miteinander verrühren. Die gekühlten Früchte in eine Schüssel geben und locker mit der Sauce mischen. Zum Servieren auf vier Teller verteilen.

Rezept- und Sachregister

Rezept- und Sachregister

Farbfotos auf dem Einband:
Vorderseite: Bunter Salatteller (Rezept Seite 16).
Rückseite: oben, von links nach rechts: Gebratene Putenleber auf Eichblattsalat (Rezept Seite 20), Chefsalat auf Chicorée und Friséesalat mit Chicorée (Rezepte Seite 28), Waldorfsalat und Selleriesalat mit Speck (Rezepte Seite 56).
Unten, von links nach rechts: Salatteller mit Hühnerfleisch und Lyoner Wurstsalat (Rezepte Seite 78), Rettichsalat mit Tomaten und Gurke (Rezept Seite 50), Bayerischer Weißkrautsalat, Wirsingsalat und Rotkohlsalat (Rezepte Seite 60).

Farbfotos: Christian Teubner
Redaktion: Antje Schunka
Einbandgestaltung: Heinz Kraxenberger

Printed in Italy

ISBN-3-7742-3849-9

Auflage 6. 5. 4. 3.
Jahr 01 00 99 98

Christian Teubner
ist seit vielen Jahren vielbeschäftigter gastronomischer Fotograf. In seinem Studio für Lebensmittelfotografie entstehen Meisterwerke kulinarischer Aufnahmen, und aus seiner Probeküche kommen verlockende Kreationen von neuen Rezepten. Christian Teubners Arbeiten sind in ganz Europa ein Begriff, denn wo es um Küche und Keller geht – ob Buch, Plakat, Film oder Zeitschrift – erkennt man seine »Handschrift«.